Nara

特定非営利活動法人 奈良21世紀フォーラム 編著

奈良企業人列伝

奈良に息づく風土産業

澪標

Nara

特定非営利活動法人 奈良21世紀フォーラム 編著

奈良企業人列伝

奈良に息づく風土産業

澪標

本書は、平成25年（２０１３）４月から同31年（２０１９）２月の間に取材・執筆されたもので、社名、役職名、年令、年数、施設情報、撮影または提供された写真はすべて当時のものです。

ただし、各章冒頭の社名および役職名ならびに会社概要および末尾の略歴については、取材先から提供された直近の情報またはデータに基づいて作成しています。

奈良企業人列伝

奈良に息づく風土産業

目次

奈良企業人列伝　奈良に息づく風土産業

第Ⅱ部　特別編

まえがき

奈良県は海に接しない内陸県で、近畿のほぼ中央に位置し、吉野川をはさんで北部は周囲を低い山に囲まれた奈良盆地、南部は険しい山稜と豊富な水量をほこる吉野山地という地形的特徴を持っており、このような自然環境と歴史に培われた奈良の県民性が、名産吉野杉を産出し全国有数の高収益をほこる林業と米の反当り収量で明治以来ほぼ全国1位を継続している農業を産み出しました。古来、政治、経済の中枢を担った奈良に住む県民は、豊かな経済、穏やかな風土に安住し、おっとりした保守的で個人主義的な県民性を持ち、伝統的地場産業である製薬業、酒造業、製墨業、木材加工業、繊維産業をはぐくみ、奈良晒、高山茶筌、三輪素麺、金魚、メリヤス、靴下、プラスチックなど名産品を産み出しました。

昭和初期に信州で活躍した地理学者で教育者の三沢勝衛は、大気と大地と生物の三位一体で風土をとらえ「風土産業」という視点から個性ある地域づくりを提唱しました。「風土は大気と大地の接触面」であり、この風土と生物（人間）の接点こそ「地域の個性」「地域の力」であるとして、それらを生かし風土と調和した産業を「風土産業」と名付けました。

当フォーラムでは、この「風土産業」の視点から奈良の企業とその企業を牽引するリーダーにスポットをあて、奈良にゆかりのあるライターの方々に取材と執筆を依頼して企業ごとのシリーズで冊子を刊行してまいりました。本書は、それらシリーズをまとめ新たに奈良の風土産業シリーズには欠かせない「酒造業」「製墨業」を特集・追加し、『奈良企業人列伝　奈良に息づく風土産業』として発行するものです。

取材開始から6年余りを経過し内容の一部に変化も見られますが、企業のたどった歴史とリーダーの精神と信念は変わることなく、冊子の取材・執筆時のとおり掲載することとしました。

本書をつうじて、世界文化遺産を抱える奈良には、実は産業面でも今なお歴史が生きておりそれを継承する企業人がいることをお読み取りいただき、奈良への理解を一層深めていただければ幸いに思います。

令和元年（2019）5月

特定非営利活動法人 奈良21世紀フォーラム

理事長　植野　康夫

（南都銀行会長）

第Ⅰ部

奈良企業人列伝編

Nara

吉野林業近代化のパイオニア
作業道づくりで山のインフラ整備

清光林業株式会社
会長　岡橋《おかはし》　清元《きよちか》

撮影　朝山 信郎

「調和」額
大橋慶三郎書

会社概要

○所在地
本店　〒556－0021　大阪市浪速区幸町2丁目2―20 清光ビル9階
TEL：06-6561-1513
支店　〒639－3113　奈良県吉野郡吉野町飯貝701
TEL：0746-32-8515
○設　　立　昭和25年（1950）2月24日
○資 本 金　1000万円
○代表者名　代表取締役会長　岡橋清元
代表取締役社長　岡橋克純
○従業員数　11名（本店3名、支店8名）
○事業内容　山林事業、木材事業、プロダクト開発、不動産賃貸業すべては30数年前の挫折から始まった。そこには岡橋清元の林業家人生を決定づける「出会い」があり、その出会いこそが岡橋をして一意専心、作業道づくりによる吉野林業の近代化と向き合う「転機」となったのである。

昭和55年（1980）4月、岡橋は上北山村（奈良県吉野郡）の持ち山にいた。目の前には、崩れ落ちてきた土砂や倒木に押しつぶされて原形をとどめない作業道があった。何か所にもわたって山が崩壊していた。前年の秋、満を持して取り組んだ新規事業の結末だった。

「崩れた道を梅雨に入るまでに修復して元の状態に戻すように」

師と仰ぐ大阪府指導林家の大橋慶三郎に厳命されていた。30歳そこそこ。吉野で新しい林業をはじめたいと意気込んだ矢先のつまずきだけに、若い岡橋は必死だった。

翻って企業的林業経営の先駆とされる岡橋の来し方を見るに、原点は崩れた道を再び使えるようにする、この修復作業にあるといっていい。以来、作業道を利用する近代林業のパイオニアとして三つ違いの弟清隆と二人三脚で山に入って汗を流してきた。

30年で開設した作業道の総延長はざっと80キロ（8万メートル）。持ち山の半分以上で作業道を使った機械化林業ができるという。林内の路網密度は1ヘクタール当たり200メートルにのぼる。吉野林業地（川上、東吉野、黒滝村）の平均路網密度が同12・5メートルだから、いかに急峻な吉野の山林に作業道を付けるのが難しいかわかろう。

◇岡橋の坊《ぼん》さんは林業経営の創業者

岡橋家は、古くは大和の中心を意味する「国中《くんなか》」と呼ばれた奈良県中部（橿原市小槻）で代々庄屋を務めた豪農だ。江戸中期の宝暦年間（1751～1764年）から山林所有に乗り出し、260年ほど経った現在も、奈良県内で五指に入る山持ちとして川上村、東吉野村など4町村で計1900ヘクタールを所有する。持ち山は俗に「岡清山」と呼ばれ、岡橋は数えて岡橋家の17代目に当たる。

会長を務める清光林業（大阪市浪速区）は、先代の父清左衛門が戦時体制の木材統制が外れた昭和25年（1950）に興した。といって清左衛門が実際に経営に手を染めることはなく、村外に居住する「山旦那」として従前のように資産保有の域を出なかった。

吉野は今もこうした不在村者の持ち山が全体の8，9割を占める。これだけの村外資本が入ってきた背景には、山林が国中の豪農や豪商にとって安定資産だったことがあげられる。かつて「山三分」といわれたように、山林への投資は3パーセント程度の低い利回りながら木が成長する分の金利が付くので、いざというときには高く売れるという感覚だった。事実、江戸時代には山の転売が頻繁に行われた。

つまり吉野林業は薪や木炭の原料を生産する「薪炭林」でなく、立木《りゅうぼく》を売買の対象とする「経済林」にルーツがある。加えて年間を通して水量の豊富な吉野川が筏の流走路になり、陸路についても峠が低く、大消費地の大阪や京都へ運びやすいという立地のよさが経済林に拍車をかけた。

一方、所有を「投資」と考える山持ちの感覚は、江戸の昔から「所有（山持ち）と経営（山守）の分離」ともいうべき近代的な手法をもたらし、高い撫育技術を持つ山守制度に支えられた林業システムをつくりあげた。そして、丹念に山を手入れする労働集約型の林業で優良材の先進地になるとともに、それ故に機械化に立ち遅れて、周回遅れという今日の状況を招いているのである。

伝統的に林業に直接タッチしない山持ちの系譜にあって、「山で作業する最初の山持ち」の岡橋は、社長としては2代目だが林業経営では事実上の創業者だ。創業者にありがちなアクの強さがないのは素封家の育ちによるものだろう。そのあたりは若いころの岡橋を「坊《ぼん》さん」と山守たちが呼んだことが物語っている。

岡橋の林業経営は、ひと言でいえば山の基盤整備に継続して投資する長期戦略にある。林内に作業道を高密度に整備して撫育や間伐といった施業や出材を機械化し、吉野林業の強みである優良材の生産にこだわりながら低材価時代にふさわしい林業スタイルを目指している。

吉野で一般的なヘリコプター出材は高く売れる優

良材の林業地ならではの方法だが、あくまで出材の省力化であって、コストがかかるうえ、空洞化が懸念される人工林のシステムを維持するという長期的な視点には立っていない。

そこを、作業道を付ければ出材コストが下がるほか、施業の現場まで車で行き来することで、天候や季節に左右されにくい林業が可能になる。行き詰っている現行の労働集約型の林業スタイルを革新する道が開けるのだ。

「出材量が安定すれば世間並みに月給制や週休2日制、退職金制度を採用して山仕事に未経験の若者を雇用できるし、新しい働き手が入ってくれば山守や就労者の高齢化や減少に対応する直営生産が可能になる」と岡橋は話す。

経営の根幹をなす岡橋流の作業道づくりは、1・4メートルを超える法面は丸太組み、路面には木組み工法、路端は網や石を使う張り出し工法を採用し、さらに道幅をぎりぎり2・5メートルに抑えて最終的に「壊れない道」を目指す。

過日、吉野林業の中心地である川上村下多古の作業道に足を踏み入れた。完成して2年余。岡橋が操るディーゼル四輪駆動車は、急斜面に付けられたヘアピンカーブや急勾配が連続する幅2・5メートルの狭い道を難なく上って行く。「一度も事故はない」との言葉にすがって助手席に座っていると、数分後には海抜600メートルの目的地に到着する。

手入れの行き届いた林内は思ったよりも明るい。足元には灌木や下草が生え茂り、見上げれば木立を通して青空が望める。素人目にも、手入れされずに木々が茂った薄暗い山や間伐が遅れて枝が垂れ下がっている山、優良木だけを伐る「なすび伐り」の山とは健康度が違うのがわかる。

急斜面に樹齢7、80年の杉やヒノキが等間隔で立ち並び、なかに二抱えもある200年超の大径木が交じる。こうした永代木の割合は1万本植えの密植で100本ぐらいとか。7、80年経った林地は伐期を迎えているが、それでもすべてを伐る「皆伐」ではなく「間伐」する。200年以上前といえば江戸も後期、松平定信の「寛政の改革」が世情をにぎわしていたころである。吉野林業に特徴的な長伐期施業の一端にふれたような思いがした。

作業道の途中に立て看板があった。ひとつは「公益信託 農林中金80周年森林再生基金1号線」との表題で、以下の文言が記されていた。

《間伐収入を山林所有者に還元するためには作業道を開設し、搬出コストを削減することが必要となる。低コスト開設のみにこだわると道が壊れ、補修に多額の費用がかかるうえ、復旧が困難な崩壊などにつながる恐れがある。「壊れない作業道」の開設費用は高コストといわれるが、地形や地質などに応じた路線の選定を慎重に行ない、安全なところに壊れない道を付けることが自然に融合した作業道である。

平成24年3月　吉野林業協同組合》

裏積工（山法面への丸太組）

もうひとつは、「大橋式作業道（奈良型作業道）」と表題にあった。

《中心脈を幹線、平行脈を支線、網状脈をひげ道とし、安定した地形、地質のところに幹線を計画し、ベルト状に連続している〝タナ〟に支線を、さらに支線から必要に応じひげ道を計画している。

道幅は2・5メートルを厳守し、斜面勾配35度を超える地形のところは必ず丸太組み構造物を施工し、切り取り法面を安定させる。（中略）最終目標は道を早く緑化させ、自然の状態に戻す。これが「壊れない道」になる。山の仕組みを理解しない者は真の路網技術者とはいえない。基本は路線選定力がすべてである。すなわち山の仕組みをよく理解することが選定の最高の技術だ。

平成24年5月　岡橋　清元》

この二つの看板が岡橋流の道づくりをいい尽くしている。そこに500年におよぶ伝統の強みを生かしながら、同時に将来をにらんだ林業近代化の布石を打とうとする精神が読み取れる。

早く自然に戻すことが「壊れない道」の秘訣とあ

るように、作業道を走っていて法面に施された丸太組みは緑の植生に覆われて補強に気づかない。路面から伝わってくる振動は1メートル間隔で横木が埋まっていることの証しだろう。路端は間伐材で崩れないように補強され、路面の悪い場所にはバラスが敷いてあって2トントラックや5トンクラスの小型林業機械なら問題なく走行できる。

◇近代林業の見果てぬ夢

それでは冒頭に書いたように、岡橋はなぜ上北山村で作業道づくりに挑んだのか。そして失敗したのはどうしてなのか。そのヒントはどこで得たのか?。倒《こ》けつ転《まろ》びつした岡橋の足跡をたどっていくと、そこに吉野林業の盛衰を描いた一編のドラマが存在する。

そもそものはじまりは岡橋が大学を卒業して研修に行った石原林材（現岐阜県郡上市）にある。1千ヘクタールほどの山林に広い作業道をたくさん付け、大型の林業機械を駆使する最先端の林業に岡橋は魅せられたのだ。

「一番感激をしたのは月給制と日曜定休。作業道があるので雨の日でも車が現場まで行って合羽を着て仕事をする。食事は車の中。冬でも車内で暖を取りながら弁当を使う。天気の日は働いて雨だと休むのが当たり前の吉野ではとても考えられないことだった。

吉野は日本一の降水量がある大台ケ原が近いので雨が多い。冬の3か月間は雪が降って休む。一般のサラリーマンなら普通に年間２３０日、２５０日働くところを、吉野では２００日も働いたら働き詰めという感覚になる。月給制など思いも寄らないことで、働いた日数に応じて支払われる日給月給制だった。しかも仕事が天気任せなのでたとえ日給単価が高くても収入は安定しない。石原林材のように道を付ければ前近代的な吉野の雇用慣行を一新できるのではないかと思った」

若い岡橋には石原林材の経営が最高に思えた。全部コピーしたいと思った。研修で従業員と同じように現場に入っていたので技術的にも自信があった。近代林業で見果てぬ夢に腕がムズムズしていた。1年間の研修を終えて帰省した昭和49年（１９７４）

4月、父清左衛門から清光林業の社長を譲られた。岐阜で体験した機械化林業を実践する格好の機会が訪れる……はずだった。

ところが出社しても新聞を読むぐらいで仕事は何もない。要は家業を継いだはずが肝心の家業には実態がなかったのだ。清左衛門はというと、ゴルフへ行くか、ロータリークラブへ行くか、大阪の社交クラブへ顔を出すぐらい。何で稼いでいるのかわからない不思議な存在だった。清左衛門は「君臨すれども統治せず」を地でいく山旦那として生涯を送ることができた最後の世代でもあった。

家業に実態がない以上は自分で仕事をつくるしかないが、当時は山守制度の最盛期。「所有と経営の分離」がうまくいっていたなかで、すなわち山持ちと山守にそれぞれ持ち分があるなかで、息子とはいえ山持ちが山へ入るのはご法度だった。父清左衛門が持ち山へ行ったのは生涯でわずか2回ほど。経営は山守に全面的にまかせていた。

ヘアピンカーブ踏査（ヘアピンカーブの位置決め）

それでも岡橋は吉野に足場をつくりたい一心で原木市が開かれると聞くと現地に飛んで行った。「坊さん、厳しい恰好でんなあ。市況でも調べに来はったんですか」と山守たちに冷やかされる。山守にしてみれば、岡橋の行動は山のしきたりを破るもの、山守の既得権を侵害するものと映った。

以下はそのころの「笑えない笑い話」だ。

夏に山へ行きたいと山守をたばねる守頭《しゅっとう》にいうと—

「坊さん、ハビ（マムシ）が出ますから。今は一番危ない時期なんでもうちょっと待ってください」

という答えが返ってくる。

それで、夏が終わり秋本番になって再びいい出すと—

「今は祭りが多くて……祭りが終わってからにし

てくれませんか」

で、祭りが終わったころを見計らっていうと――

「坊さん、もう山は雪でっせ。とても入れませんわ」

岡橋が大学を卒業した昭和47、8年ごろというのは林業が華やかな時代で、産業として将来の夢が持てた。戦後に植えた拡大造林が伐採期に入っていて、林業地はどこも伐っては植え、植えては伐るという状況だった。国有林もどんどん皆伐して、どんどん植林していった。大学の林学研究者の間では新しい林業技術の研究が盛んに行われた。

三重県の諸戸林産（三重県桑名市）にオーストリアから専門家が滞在して林業先進国の最新の道づくりを教えたのもそのころだ。1メートルが360円でできることから、当時の為替レートに引っかけて〝1ドル林道〟と呼ばれた。石原林材が導入したのはこの1ドル林道だった。

岡橋が社長になった数年後、相談相手でもあった林業家の芋木《おお》喜三郎が空回りする坊さんを見かねて吉野川沿いの土地を斡旋してくれた。勇躍して昭和53年11月、弟清隆を誘って岡橋林業（吉野町＝現清光林業吉野支店）を設立。持ち山から樹齢200年を超える大径木を出材して販売する直営事業をはじめた。吉野に拠点を持ちたいという思いが実を結んだのである。

といっても量が出ないし、資金もなかったので10本ほど伐って小さな原木市を年に2回程度しかできなかった。それでも材価が高かったので最高級品だと1本2千万円ぐらいで売れた。ざっと8千万円の売り上げがあり、出材経費を引くと手元には2千万円ほどが残った。

大径木に絞ったのは、リスクの大きい大径木は山守があまり扱わないからだ。山守は立木売りといって、木が立ったままで値段をつけるので、安く見積もった木が高く売れたり、逆に高く売れると思った木が安かったりするなど見込みが外れる場合があった。そこに突破口を見出そうとしたのだ。

ところが山守の反発は予想以上に強い。フトコロとメンツの両方を満たそう、と出材協力費という名目で皆伐した際の山守費と同額（売価の5パーセント）を支払ったが、効果はあまりなかった。

実は大径木の直営事業を足がかりにして作業道づくりを岡橋は考えていた。直営事業は山に入るための口実だった。研修から戻った直後と違って、石原林材のやり方をそっくりコピーするのは無理なのはわかっていたが、それでも作業道が必要という考えは変わらなかった。山守の就労者も老齢化していて、山まで1時間も2時間もかけて歩いて行って仕事をするのが難しくなっていた。

岡橋は道づくりの地ならしとして出材協力費のほかに山守の若手と「岡橋会」なる親睦団体をつくって先進林業地を見に行ったり、会食したりして道づくりの理解を求めた。

「直営事業は山守権を侵すものではない。出材費にかかるヘリコプターでは将来的に行き詰まる。道を付けて機械化しないと吉野林業そのものが成り立たなくなるのではないか」

会を重ねるうちに徐々に山守権を侵さないのなら道をつくるのは構わないという雰囲気になってきた。岡橋林業の滑り出しも順調である。ここは余勢を駆って理解ある山守のところから先に道を付けていけば賛同者が増えるのではないかと思えた。石原林材のような大型機械を駆使した新しい林業経営ができると思った。

◇「大橋式作業道」と巡り合う

そうこうするうちに上北山村で作業道ができそうな700ヘクタールの団地（まとまった林地）が見つかった。吉野林業の中心地の川上村や東吉野村ほどは山守権がきつくない。しかも拡大造林や再造林で大きな資金をつぎ込んでいた。「岡清山」は年間1億円の売り上げに対して8千万円の経費を計上していたが、大半は上北山村の造林費用だった。あまりにも経費がかかっているのでいずれ手を付ける必要があるところではあった。

岡橋林業で稼いだ2千万円に、農林漁業金融公庫（現日本政策金融公庫）の融資を加えて昭和54年11月、作業道の建設に着手した。だが1か月も経たないうちに最初の崩壊が起こった。修復すれば別の場所が崩れる。以後はつくっては崩れ、崩れてはつくるといった始末で、翌年2月に中断を余儀なくされた。全部で4千メートルの道を付ける計画だったが、1300メートルほど進んだところでギブアップせざるを得なった。

「山がこんなことになってしもうて……」。崩れている山に手を当てて泣いている守頭の姿は今でも目に浮かぶ。守頭は山に愛着を持つことでは人後に落ちない撫育の専門家だった。

後に大橋の指導を受けるようになってわかったことだが、崩壊の原因は急傾斜地にもかかわらず3・5メートルの広い道をつくったことにある。法面の切り取りは肩の高さの1・4メートルどころか3、4メートルもあった。水路《みずみち》を切ったうえに破砕帯に突っ込んだことで崩壊箇所が上へ上へと広がって、最終的に道のはるか30メートルの上部まで崩れていた。

「採石で売ろうか」と思ったぐらい、細かく砕けた岩石が大量に落ちてきて下の川が埋まっていく。崩壊がひどいときは、先に掘削しているブルドーザーが戻れなくなるのを恐れ、途中にもう1台の重機を置いておいて、落ちてきた土砂を掻いて戻るような体たらくだった。

岡橋は道が崩れるとは思いもしなかった。建設業者に発注すれば自ずと道はできると思っていた。石原林材で目にした工法は、山の傾斜を見ながら地図上に線を引いて大型ブルドーザーを使って林内を切り開いていく、オーストリア流の広い道づくりだった。山の崩壊を目の当たりにした岡橋はその場に立ち尽くすしかなった。

「山のことを何も知らん金持ちの坊さんの火遊びや」

「できるだけ山に入らんよう、もっとほかの遊びを教えた方がええんと違うか」

「坊さん、そのうち家（岡橋家の財産）をつぶしよるで」

道づくりを金持ちのドラ息子の道楽ぐらいに思っていた守頭や山守にはさんざん嫌味をいわれた。大橋の知遇を得たのは工事を中断した直後、奈良県林業試験場の見学会だった。急峻な葛城山系で道をつくり続けて一度も崩したことがないという大橋の評判は聞いていた。初対面はあいさつ程度だったが、大橋は旧知の間柄だった試験場の造林課長を通して

土留工《どどめこう》（道下の盛土側の斜面に丸太で土留工を施工する）

岡橋が道をつくって、その挙句に山をつぶした事情を知っていた。

同じ2月に西吉野村（現五條市）で大橋式作業道の講習会があった。雪の降る10日間の合宿研修だった。寝食を共にして大橋の林業家としての神髄にふれた岡橋は、その場で道づくりを指導してほしいと頼み込んだ。

そのとき岡橋は上北山村の崩れた道を修復しようという考えはなかった。素人目には崩壊がひどくてとても元通りにはならないと思っていたのだ。「崩壊した道は諦めますが、今度（別の場所で道づくりを）するときはいろいろ教えてください」と切り出したところ、大橋から思わぬ言葉が返ってきた。

「そんなもん諦めたらアカン。直さんとあんたの立場はないで」

「あれだけ崩れた道を元に戻せますか。業者もよう直さんと思いますが……」

「あんた、自分でやるというんやったら手伝うけど、業者に頼るんやったら手助けせんよ」

河内弁でまくしたてる大橋の迫力に押されて「自分でやります」と思わず口にしてしまった。

「それやったらいっぺん（上北山村の崩壊した現場を）見てあげるよ」

岡橋の、亀の歩みにも似た作業道づくりに汗を流す日々の幕開けだった。

3月のアマゴ釣りが解禁となったとき、大橋はそれを名目に上北山村へやって来た。そして5カ所にわたって大きく崩れた山を見て、開口一番「こりゃひどいな。是が非でも直さんとアカンで」。

まず大橋の紹介で中古のブルドーザーを買い、併せて作業免許を取った。工事に当たった建設業者が落ちた土砂を油圧ショベルですくって崩れた道に戻した。一番つらかったのは、大橋からその業者を首にしろといわれたことだった。

工事業者は山の素人だから本格的に道を付ける作業には使えない。取りあえずやれることだけやらせて後のことはそれから考えよう、というのが大橋の考えだった。果たして岡橋がそのことをいい出した途端、業者の態度が一変した。それまでの良好な関係がウソだったかのように仕事をさぼり出した。

そこで山守に紹介してもらって土木作業員を雇った。林業土木に経験のない岡橋兄弟は手が出せないので、大橋がブルドーザーを操り、作業員が丸太を運んで復旧工事が動き出した。３・５メートルの道幅を２・５メートルに縮めながら、１３００メートル分の修復工事を昭和55年4月からはじめて、冒頭で書いたように梅雨に入る前の6月いっぱいで終えた。

ひと通り修復できてホッとしていたら、しばらくして大橋が「この道は路線が無茶苦茶やからいずれ崩れて使えんようになる」といい出した。で、11月から新しい路線の踏査を開始。修復した道の途中から登っていく新ルートでクリスマスまでに何とか５００メートルほどつくった。旧作業道はというと、大橋が予言した地点から先が本当に崩れて使えなくなった。

大橋は足しげく訪れて手取り足取り道づくりを基礎から指導してくれた。「山を怒らさんようにせえよ」という口癖は、いったん付けたら補修を要しない「大橋式作業道」の神髄を言い表している。岡橋は今では山の地形や地質、植生などについて淀みなく話すが、その博識ぶりは「先生」と呼ぶ大橋の教えを実践してきた賜物であろう。

降雪による中断を経て翌年3月から再開し、以後、岡橋兄弟に清光林業で研修中だった野村正夫（和歌山県龍神村の山持ちの弟）を加えた３人で平成５年（１９９３）までの13年間、上北山村で作業道づくりに没頭した。

しかし件《くだん》の新路線は完成までになお曲折があった。ひとつは土木作業員の嫌がらせだ。大橋にいわれた通りにやろうと心がける岡橋のやり方は、山の専門家でない作業員には面倒なことこのうえもない。若造にあれこれいわれるのも面白くない。

それなら自分たちでやろうと腹を決めたはいい

が、今度は建設機械の壁が立ちはだかる。ブルドーザーは小回りが利かなくて岡橋のような素人には扱いづらかった。思案投げ首の岡橋に「これなら乗りこなせる」と思わせたのは、中古市場に出回りはじめたばかりの小型の油圧ショベルだった。昭和60年（1985）のことである。大橋に師事してから4年の歳月が流れていた。

そもそも岡橋が上北山村で作業道づくりをはじめたのは、石原林材の近代林業に触発されたこともあるが、一番大きな理由は吉野で一般的なヘリコプター出材が将来的に行き詰まると予見したことだ。

上北山村というところは、もともと和歌山や三重の粗放林業に根っこがあり、土もやせていて優良木が育ちにくい林地だった。しかも岡橋の持ち山は拡大造林や再造林で若い木が多く、高コストのヘリ出材に見合うだけの材価にはなりそうにない。経費のかからない別の出材法を考える必要があった。

1970年代からヘリ出材が吉野で広がったのは、省力化に加えて吉野材が経費がかかっても採算に乗る価格で売れたことにある。その時点ではヘリコプターの活用はベストの選択ではあった。しかし低材価時代に入って1分で1万円もの経費を払っていたのではやっていけない。ヘリコプターの半分以下の経費で出材できる作業道の第一義的な意味はそこにある。

上北山村の13年間を振り返って岡橋は次のように話す。

「最初の失敗から大橋先生に出会って作業道に対する考えは変わったが、吉野林業の将来像については変わっていない。吉野は山守制度が基本だから川上村や東吉野村のように山守制度が残っているところは残したい。しかしそうでないところ、たとえば上北山村のような材価の安いところは直営にして道を使って清光林業の社員が出材する形にせざるを得ないだろう」

ちなみに岡橋が指導を受けて汗を流してきた「大橋式作業道」について書かれた一文（朝日新聞夕刊）を紹介しておく。

「森を美しく保つには間伐が欠かせない。そして、間伐材を運び出すには作業道が要る。大阪府の林業家、大橋慶三郎さんは大雨が降っても崩れない作業道づくりの名人である。80歳を越した今も講演会などで引っ張りだこだ。月に2回ほどのペースで全国を駆け回っている。

静岡県の大井川上流で行われた演習現場をのぞいた。事前に地形図や衛星写真などの資料を動員し、地下水脈や地盤を成す岩石層の分布など「地相」を徹底的に読み込む。そして大雨でも出水の恐れのない場所を選びながら作業道のコース取りをして現地に乗り込む。向かい側の尾根から現場を望んで地相を確認。さらに現場の林道沿いを踏査して最終的な作業道の位置を決める。

大橋さんはこんな手法で大阪府千早赤阪村の所有林に1ヘクタール当たり200メートルの超高密路網を整備した。大がかりな整備は不要。トラックで間伐材を簡単に運び出せ、低コストで林業経営ができる。

路網が整備されても、林道への接続が難しい。斜面を削って作るのがこれまでのやり方で法面が高すぎるのだ。

そこで大橋さんは、山の尾根を伝って走る「稜線林道」を提唱する。尾根は地盤が固く、水も出ない。しかも作業道を下に向かって延ばしやすい。大橋さんの訴えは、従来の林業土木行政のあり方を厳しく問うものである。林野庁は、成熟した山林の経営インフラにとって林道がどうあるべきか、考えを練り直すべき時に来ている」

◇県が岡橋の道づくり工法を認知

継続は力なりという。山に入って独り作業道づくりに汗を流す。〝土木トリオ〟にやがて強力な援軍が現れる。平成19年（2007）林業の再生に作業道が必要なことを理解した奈良県が、岡橋の道づくり工法を「奈良型作業道」と名づけて補助事業をスタートさせた。国の制度に独自の補助を上乗せした事業は、道を付けるところは面倒を見るが。それ以外は切り捨てるという県の意思表示であり、それだけ吉野林業が追い込まれている表れにほかならない。

ひと口に作業道といっても国有林や他の林業地のように広い道だと、急峻な地形の吉野では山が崩れる恐れがあって高密度には整備できない。そこで目を付けたのが岡橋の携わってきた「大橋式作業道」だった。山を崩したことがないうえ、太い木も細い木も出せる柔軟性は小さな製材工場や加工業者が必要とするだけの量を供給するのに適している。

岡橋の工法が「壊れない作業道」であるのを実証したのは、山の崩落で〝せき止め湖〟がいくつもできた平成23年（２０１１）の台風12号（「紀伊半島豪雨」）だ。川上村では国道１６９号線が土砂崩れで寸断されたなかで、岡橋が付けた道は1千ミリを超える記録的な豪雨に耐えた。

しかし岡橋流は手間暇かける分だけ造成費がかさむ。他地域なら1メートル1千円か2千円で済むところが、急傾斜地の吉野では7、8千円から1万円にもなる。岡橋はこれまで道にかかる障害木や周りの木を間伐して経費をねん出してきたが、ここまで材価が下がっては賄えなくなっている。清光林業の本社ビルや駐車場ビルから上がる日銭で補ってしのいできただけに、公費による県の補助はいわば干天の慈雨だ。

補助対象に認定された事業体は２００ヘクタールの山を集約して、30ヘクタールについて年間3キロの道を付けるよう求められる。事業期間は7年。造成費の補助は最高で1メートル1万円。その見返りに事業体ごとに初年度へクタールあたり30立方メートル、2年目からは同50立方メートルを出材して県産材の安定供給の一翼を担うことが義務づけられる。

認定には清光林業で20日間の道づくり工法の研修が必要とされ、間伐に入るときは作業道を使って出材する。道の修復費用はいっさい出ない。つまり壊れない道をつくれということである。現在、五つの認定事業体が道を付けており、計算上は7年間に1事業体で2万1千メートル（21キロ）、全体では10万5千メートル（１０５キロ）が新しくできることになる。

これまで国を含めて岡橋が付けている〝狭い道〟はまったく相手にされなかった。大量生産によって20パーセント台に落ち込んだ木材自給率を引き上げたい国はもちろんのこと、戦後の植林が多い九州や四国などでも大型機械が使えるような広い作業道でないと役にたたないからだ。

というのはこれらの林業地は5、60年経って伐期を迎えているが、大半を占める樹齢50年生の間伐材はベニヤ板や集成材の芯、チップなどが主な用途で、材価は立方メートル当たり5千円から高くても8千円。1万円に行くことはまずない。低価格でしか売れないから大型機械を使ってコストを下げる必要がある。そして大量生産は供給過剰をもたらし材価を押し下げる。

そこへ行くと良質な吉野材は低く見積もっても杉が同2万円、ヒノキだと同4万円はする。しかも100年、150年生と林齢が高く、材積量が多いので少量生産でも成り立つ。狭い道を使って小さな林業機械で出材すれば値段も保たれる。「量より質」を追求できるのが吉野林業の強みなのである。

路面処理工（丸太を入れることにより強固な路体に）

県の補助事業はこの優位性を生かそうというものだが、もうひとつ県を動かしたのはこのまま手をこまねいていると吉野の林業地が崩壊する恐れがあるからだ。先述したように吉野は8割から9割が不在村で、資産保有の山持ちが多い。何かの事情で資金が必要となったこれらの不在村者が山を売ろうとしても、材価がここまで下がっては山守が買おうにも買えない。ところが県外にはそれでも買おうとする短期決戦型の素材業者や搬出業者がいくらでもいる。

利益を最優先する県外業者は買った山はすべて皆伐する。ブルドーザーで搬出用に広い道を付けて出材し、出し終わったら即撤収。経費のかかる手入れはいっさいしない。放置された広い作業道はいつか大規模な崩壊を引き起こす。現にそうした事態が兵庫、三重、和歌山県などで起こっており、〝外人部隊〟が吉野に入ってきたら憂慮すべき事態になるのは目に見えている。

加えて周辺には小規模ながら銘木を引く製材業者

や加工業者が数多くいる。林業の振興には造作材や優良製品をつくるこれらの中小企業者を支援していく必要があって、それには適量を安定して供給できる、岡橋が付けている狭い道で十分なのだ。

県知事の荒井正吾は「吉野材は一番の優良材なのに、機械化のための基盤整備が遅れて優位性を生かせていない。林内に作業道を高密度につくれば川中、川下分野も活性化できる」という。観光立県から林業振興にカジを切った県政は独り林業にとどまらず、地域の産業循環を視野に入れている。

作業道と取り組んで30年余。内にあっては吉野林業の持つ長い伝統、外にあっては狭く役立たない道という批判や無視……

ふとん篭の施工（急傾斜地などでの道の張り出し）

逆風の下で否応なしに孤高の歩みを迫られた岡橋にようやく順風が吹きはじめている。

ひとつは、林業の近代化には作業道が欠かせないという年来の主張が県に認められたこと。もうひとつは、危機に瀕している山守制度の再生に仄かな明かりがさしてきたことだ。県の補助事業によって、伝統が培ってきた丹念に手入れして優良木をつくる山守の技術を生かしながら、機械化林業を併せて推進するという課題を解決する展望が開けたといっていいのだ。

吉野林業の発展を担ってきた山守は単なる山番ではない。「山のプロ」として下刈りや除間伐といった撫育から出材、立木の購入まで林地の経営管理のいっさいを請け負う。「カギのかかってない蔵を山持ちから預かっている」という表現は、そこに山持ちとの強い信頼関係があることを物語っている。

「数百年の歴史がある、幾世代にもわたる山守制度がこんなに短時間にダメになるとは思わなかった」と岡橋は臍《ほぞ》を噛む。清光林業は最盛期には20カ所ぐらいで間伐して年間3千立方メートルほど出材してきたが、ことし間伐して山守に立木を売ったのはわずか1カ所、山代（立木代金）は50万円ほどにすぎない。

以前は山守から自分の管理する山を伐ってほしいという間伐の要請が相次いだ。「ことしの計画にないから来年にしてくれませんか」と断るのが大変だった。最近は岡橋の方から声をかけなくてはならないし、声をかけても断られることの方が多い。

「あの山は伐期が来ているからことし間伐したいけど、どうですか」

「こんだけ（材価が）安かったら（赤字になるので）ようしませんわ」

材価の下落で本来、山守が権利を主張すべき山に興味を失くしてしまっている。今や直営化や作業道づくりに対する反発より山守そのものがなくなることの方が大きい問題である。やむを得ず清光林業は山守制度に依存する「守頭制」を廃止して直営事業に切り替えているが、それができない資産保有の山持ちは将来を悲観して山を売りに出している。件の県外業者が入り込んで林業地が崩壊する恐れありとする県の懸念は杞憂ではない。

ここで吉野の労働集約型林業を担った山守制度とはいかなるものなのか、具体的にどんな役割を果たしてきたのかについて成立の経緯や変遷を含めて簡単にふれておこう。

山守をたばねる山守頭の守頭は、商家でいうところの大番頭。大番頭が店を切り盛りしたのと同様、守頭は山持ちに代わっていっさいを取り仕切る。材積量の算出にはじまって、間伐する場所や山守を選定し、山代や出材費、市場での売価を見積もったうえで商いまでしてくれる。

山持ちには守頭を経由して年間の売り上げが振り込まれ、次に盆と年末に細かく計算した経費の請求書が送られてくる。それを振り込めば山持ちは一定の純益があった。山仕事をする就労者の労災補償は山守が受け持つので、山持ちはまったく汗をかかずに資産運用ができた。まさに山旦那だった。

それだけにやれ直営事業だ、やれ作業道づくりだ、という口実をつくって山に入ろうとする若い岡橋を守頭や山守たちが苦々しげに思った事情がわかろう。

一方、山守はというと、山仕事の報酬に加えて山代を払った立木の売買益が入ってくる。山代を決めるに当たっては山守に1割から2割の儲けが出るようにするのが守頭の手腕だった。山守に損をさせて盗木が起こるのを恐れてのことだ。つまり山守制度にはあらかじめ山守が儲かる仕組みが組み込まれており、それ故に頻繁に山の手入れが行われ、手入れすることで山がよくなるといった循環があった。

路面処理工
（路体を強固にするため丸太で桁を入れ横木を釘打ちしている）

　吉野の林業地は8、9割が不在村といっても、手入れが施されないために山が荒廃する一般的な不在村と違って、村外の山持ちから管理を委託された山守の撫育技術で他の追随を許さない優良材を生産してきたのだ。

◇台風がつくり、台風が壊した戦後の山守制度

優良材の吉野材は昭和57、8年が材価のピーク。それから林業関係者が環境変化に気づかない程度にわずかずつ下がっていった。誰もが景気に連動した値動きぐらいに思っていた認識を一変させたのが平成10年（1998）9月に紀伊半島を襲った台風7号だった。材価は一気に40パーセント以上急落した。

台風7号については室生寺（奈良県宇陀市）の五重塔が杉の大木が倒れて損壊したことで記憶している向きも多いだろう。県内では樹齢3、40年生の人工林を中心に被害面積2578ヘクタール、被害総額は128億3600万円にのぼった。被害額では東吉野村が最大だった。「岡清山」も東吉野村で30ヘクタール、川上村で10ヘクタールなど計44ヘクタールが壊滅的な被害を受けた。

処理した風倒木が市場に出回って吉野材の信用は失墜。無傷の木まで風評被害に遭って買い叩かれる。台

風7号を境にして下がり続ける材価は、吉野林業を支えた山守制度を根底から揺さぶっていくのである。

ひと口に山守といっても戦前と戦後とでは役割に大きな違いがある。戦前までは山守に立木を買うだけの資力はなかった。大阪や東京、和歌山などの大きな木材商が買い付けに来て商談が成立すれば、出材して収入にする程度だった。植林から撫育、伐採、搬出までの施業を切り盛りする専門技能者に徹していた。

役割が変化するきっかけは木材統制が解除された昭和25年（1950）にできた木材市場にある。山守が出資する「吉野木材協同組合連合会」が吉野町の貯木場を買い戻して開設し、お膝元にできた自由取引の素材市は山守の目を素材販売に向けさせた。

同連合会がはじめた貸し付けによって山守に資力ができた結果、自分で管理している山（立木）は山持ちから優先して買うという縄張りができた。戦前までのように木材商に買ってもらわなくても直接、木材市場で売れることで山守が素材業者を兼ねるようになったのだ。

山守イコール素材業者という構図を決定づけたのは昭和35年の伊勢湾台風である。復興住宅の建設が木材需要を喚起し、若い木まで建築用の柱角として飛ぶように売れた。生産量の半分を占めて長く吉野林業の代名詞だった樽丸（酒樽やしょう油樽の材料）に代わって、新しく構造材や造作材といった建築用材としての用途が生まれた。

台風の翌年からはじまった木材輸入の自由化でも、需要の拡大に供給が追いつかない状況から多くの林業家は反対するどころか、渡りに船とばかり賛成に回った。ところが安くて供給量の安定した外材は国産材の供給不足を補うにとどまらず、急速にシェアを伸ばして完全自由化から5年後には国内消費量の半分を占める。母屋を取られた恰好の国産材は昭和50年に国有林野事業特別会計が赤字に転落。材価も昭和54年から下降の一途をたどった。

それでも吉野材は他の国産材より価格の下落が3、4年遅かったように、優良材の強みに与って建築ブームに沸いた昭和30年代から材価がピークの同50年代まで、山守は吉野ダラーといわれるぐらい羽振りがよかった。狭い吉野町に輸入車のディーラーや証券会社の営業所があった。

それが、台風7号をきっかけにした低材価時代に入って山守が立木を買う機能を果たせなくなっている。山代を払ったうえにヘリコプターの出材費をかけていては市場で売っても赤字になるのだ。山守が素材業者を兼ねた〝黄金の日々〟は60年ほどで幕が下ろされた。皮肉なことに台風が山守を素材業者にし、同じ台風がその構図を壊したといっていいだろう。

山持ちが声をかけても山守に間伐を断られるのは、山に経済的な価値がなくなった表れ以外の何物でもない。「岡清山」には60人ほどの山守がいるが、実際に従業員を抱えて山仕事がこなせるのはわずか3人という。

「かつて大きな山守だと、2、30人の従業員を雇って、複数の山持ちの山を何千ヘクタールも管理していたことを思うと隔世の感がする」というのが岡橋の述懐である。

翻って吉野林業の特徴は、1ヘクタールに1万本を植える極端な密植、弱度の間伐を数多く繰り返して150年、200年の長伐期にする施業にある。それが他の林業地にはない、通直、完満、無節、本末同大で、年輪が細かく色合いに優れた良材をつくり上げてきた。

施業体系のはじまりは密植にある。密植すれば下刈りにはじまって、つる切り、ひも打ち、除伐に間伐と手入れを要する。その前に苗をたくさん植えなければならない。そのために多くの人手が必要になる。たくさん植えるのに邪魔になる雑木の処理で山を燃やす。ここでも人手がかかる。結果として村にカネが落ち、雇用が守られて住民の生活が安定する。

つまり他に類を見ない労働集約型の林業スタイルはすぐれて持続可能な人工林の育成技術であると同時に、生計の手段がほかにない吉野の厳しさが生んだ生活の知恵でもある。

先人たちが賢かったのは密植していたことと、7、80年サイクルの林業を続けていくのに早くから村外資本を入れたことにある。国中の豪農や豪商に高く買ってもらうためにたくさん植え、そうした村外資本が入っていたおかげで山の手入れが行き届いた。

「吉野は尾根まで植えてある」といわれる、江戸末期にはじまる拡大造林も、山を高く売ろうとする山方の意思の表れといえる。

「古い証文には何反、何町というほかに何万本植え、何十万本植えという表現があって、立木の本数が多かったら山の値打ちが出ると考えられたのだろう」と岡橋は見ている。

村外資本の参入は、最初は地上権の売買による借地林業でスタートしたが、やがて山持ちが飢饉や風水害などで山を売らざるを得なくなったことで本格化した。山を手放した元の山持ちは、村外の新しい山持ちから委託を受けて植林や撫育、伐採など、従来どおりの仕事を続けることができた。これが吉野林業の発展を担った「山守制度」の嚆矢である。

密植しているので6、7年で下草が生えなくなる。九州のようにヘクタール3千本植えだと光がよく差し込むので14、5年まで下刈りを要するが、下刈りが早く終わる吉野では細い枝を切るひも打ちをして7、8年目には除伐に入る。

今では捨て木になっている7、8年生の除伐材は

つるつるに磨いて茶室などの化粧垂木に売った。軽くて強度に優れているから建築用の足場丸太に重宝される。もっと細いとテントの支柱、収穫後の稲を干す稲足や果樹園の植木の手（支え）にもなった。

林業高性能機械ハーベスターでの作業

一番大きかったのは間伐材が樽丸として酒樽の材料に売れたことだ。江戸後期から灘酒が隆盛になった要因のひとつに吉野の良材があげられ、肥大成長が抑えられて年輪が密な吉野杉で酒樽をつくると、酒の歩留まりがよくなった。往時は吉野町下市周辺にたくさんの樽丸をつくる業者がいて、樽丸林業の時代は終戦直後まで300年近くも続いたのだ。
樹齢200年生でも間伐する長伐期施業は、この

ように除伐材や間伐材に多様な用途があってすべて収入になった結果だ。100年生や150年生で皆伐するまでに16、7回の間伐が入っている。林業家なら誰しも憧れる大径木を生産できたのは、それだけの経済的な裏づけがあってのことなのだ。

吉野林業の施業体系には先人たちの知恵が凝縮されており、それらは紛れもなく山方の生活に根差した、長い年月をかけてつくられてきた山の技術である。『吉野林業全書』（森庄一朗著）にしても、学術書というより樽丸を売ったり、県外の木材商が買い付けに来たときのパンフレットのような使われ方をしたりしたともいわれる。

杉の120年生の伐採風景

◇山守制度の復活に向けて

「自分の山を自分で伐って（直営化）もひょっとしたら赤字になるかもしれんのに、それの山代まで払って出さんとアカンというのではもう産業として成り立たない。山守が素材業者を兼ねる時代は終わった。山持ちとしてはそれでも山守制度があってほしい。山の施業に精通した山守がいなくなっては山がよくならない。作業道を整備して山守制度のいい面を復活できれば、一番困っている山持ちが元に戻れるのだが……」

岡橋は危機に瀕している山守制度を甦らせるには、まず素材業者の役割を放棄して戦前の山守に戻る必要があるという。それも、そっくり同じというのではない。何人かで組んで撫育から間伐や間伐材の林内整理、出材までの施業を複数の山持ちから請け負うというのだ。

イメージするのは、各地で広がっている自伐林家のような新しいタイプの山守だ。撫育会社なり出材会社なりの共同組織をつくって自分の管理する山だけではなく、別の山守が管理する山についても施業する。そうすれば頻繁に間伐ができるので山がよくなるし、山がよくなるなら山持ちにも賛成してもらえるだろう、と。

どれだけ儲かるかはやってみないとわからない。従来どおり皆伐したら売価の5パーセントを山守費として受け取り、普段は間伐して管理料をもらう。今なら利用間伐すると国から補助金が出るので採算が合うのではないか。そう考える岡橋の提案に、清光林業の持ち山では3人ぐらいの山守が集まって共同組織をつくる可能性が出ている。

必要な作業道は清光林業がつくる。国の補助事業に上乗せする形で県から補助金が出るので、それを活用して自社の山だけでなく、ほかの山持ちの山にも道を付ける。現在、川上村の山守に機械を無償貸与して道を使ったトラック出材に慣れてもらっている。本当は清光林業の社員がやった方が早いが、時間はかかっても山守に新しい出材に習熟してもらいたいためだ。

岡橋は300年の歴史がある山守制度の重要性を思う。戦前の山守制度に戻ろうというのは山守が持つ撫育や出材の高い専門技術を生かすことにある。それには作業道を利用した撫育や出材を共同組織ですることが欠かせない。その思いに一人の山守が乗ってきており、やがて道を使ったトラック出材に習熟すれば他の所有者の山へ入って出材するという道が開ける。

それでも山守の多くは道を使った出材に二の足を踏む。長年馴染んできたヘリコプターで出材したがる。ヘリ出材は利用料が分単位で決められていることでわかるように経費がかかる。そのうえに資源の活用という点でもムダが多い。

木材は根元から4メートルごとに元玉、2番玉、3番玉と数えていって、大きな木では8番玉ぐらいまである。高コストのヘリ出材では採算を考えると元玉と2番玉しか出せない。残りは枝や葉が付いたまま山に捨てざるを得ないのだ。

一方、道を利用したトラック出材は経費がヘリの半分以下なので、今のような低い材価でも8番玉まで出せる。問題は道を付けるのには時間がかかることだ。清光林業では2人1組で同時に3カ所ぐらい

小型林業機械グラップルを使っての間伐作業

やって1年で3キロ。それだけに県の補助事業は路網を高密に整備する大きなチャンスである。

　四国をはじめ各地で自伐林業といって、たくさんの小さな山主と交渉して道を付けながら間伐などを請け負う動きが広がっている。一種の山守といえようか。国が定めた「森林経営計画」が小規模林家を切り捨てることへの反発から生まれたものだが、自力で林業をしようとする志の表れでもある。

　自伐林家は、無茶伐りせずに山を育てながら林業を続ける吉野の山守のやり方を見習おうとしている。時がめぐって機械化に立ち遅れた周回遅れの吉野林業が、持続可能な人工林育成のトップランナーに位置づけられているのだ。

　翻って急傾斜地の吉野は他の林業地と同じような林業をしていたのでは条件が悪くて勝ち目がない。九州のように条件のいい林業地は大型機械を入れて並材を低いコストで大量生産して採算を合わせることができる。

　しかし吉野は一般並材では成り立たない。大型機械を入れようと広い道を付ければ山が崩れる。大型機械が入らなくて出材コストがかかる。道もたくさん付けられない。コスト競争に勝てないなかで生き残るには、全体のシェアは小さくても優良材に活路を求めるしかないと岡橋はいう。確実に高級材の需要はある以上、可能なかぎり山守制度を残していかないといけない、とも。

　吉野林業の来し方を振り返っても、山守はよく考えてきた。細かくして女の人でも運べるようにしたから出材経費がかからなかった。若木の除伐材でも収入になったのは搬出コストの問題だ。大きい木は現場で四角に半加工してできるだけ〝空気〟を運ばないよう工夫していた。

それが、今では採算がとれないから間伐しない。間伐しないから供給が不安定になる。供給が不安定だと加工業者はつくるのをやめる。加工をやめると吉野材の製品が流通しなくなって消費者に忘れられる。そうなれば吉野林業は過去の栄光にすがって沈むしかないだろう。

清光林業が平成12年（２０００）に上梓した社史『調和 明日への林業に向けて』には次のような記載がある。

《道づくりは林業の近代化にとってもっとも重要な基盤整備である。道づくりそのものを林業のなかに取り込めば、季節に左右されにくい作業に加え、林業就業者の仕事を生み出すことができる。

伝統的な吉野林業は数百年にわたって山守制度を核にした労働集約型の林業スタイルを確立して吉野ブランドの高級材を市場に送り出してきた。近年、山守、就業者とも高齢化が進んで従来の労働集約型林業の近代化を迫られている》

13年前に指摘された課題と目指すべき方向は今も変わっていない。いわば吉野林業は下り坂を転がりながら時を刻んできたのだ。逆風のなかで独り作業道づくりに汗をかいてきた岡橋に追い風が吹いているのはその証左だろう。

歴史的に吉野林業は何か行き詰ると新しいことを編み出すといった形で浮き沈みを繰り返している。稼ぎ頭の樽丸が廃れたら建築用材に転進したように、そこに進取の精神を読み取ることは可能だ。その意味でひたすら作業道と格闘する岡橋もまた、典型的な吉野林業人である。

（敬称略）

脇本 祐一

（記・２０１３年４月）

◇清光林業の沿革

清光林業株式会社の創業家である岡橋家は、代々、大和国高市郡真菅村小槻（現在の奈良県橿原市小槻町）で庄屋を司っていたが、江戸時代中期から吉野の山林を少しずつ手に入れるようになり、特に明治、大正、昭和の初期にかけて所有林を増やし、ほぼ現在の規模（約１９００ha）になった。岡清山といわれる由縁は代々岡橋家の当主の名前に、「清」という字が使われている為だと言われている。現在の会長、岡橋清元（きよちか）は、岡橋家17代目の当主に当たる。

「岡清山」は、吉野林業の中核地帯である川上村、東吉野村のほか、吉野町、上北山村の1町3村に及び、吉野林業地のなかでも立地条件のよい山が多く、いわゆる銘木級の高齢林分が多いのが特色である。1町3村に分布する「岡清山」の面積は、広さからいうと川上村、上北山村、東吉野村、吉野町の順となる。全体の半分近くが直営山林で、半分以上が吉野の慣行的林業である山守制度に支えられた山林である。

先代の岡橋清左衛門によって清光林業株式会社が設立されたのは、昭和25年（１９５０）２月24日である。当初、清光林業の業務の大半は大阪市内の所有物件等の不動産管理業務がむしろ主で、森林の施業は主に山守が行っていた。しかし、山守の高齢化、村の過疎化が重なり山守不在の山林が増えだし、昭和53年頃から、当時社長の岡橋清元が山守不在の山林を会社の直営林として、自ら経営に取組、清元の師である大橋慶三郎が考案した工法によって直営林に作業道を開設し、林業機械を導入した近代的林業経営を始めた。この工法は、生産性の観点にとどまらず、自然環境の保全及び自然災害の防止等に配慮したものとして高い評価を得ている。現在も作業道を開設しながら、それを活用した育林、素材の生産を積極的に行っている。

これらの林業経営が評価され、岡橋清元は、平成7年度農林水産祭林業部門で、内閣総理大臣賞を受賞。平成24年度農林水産祭林業部門で天皇杯を受賞。

（清光林業社史『調和 明日への林業に向けて』より）

◇吉野林業の歴史と特色

吉野林業地帯は、年間4000ミリを超えるわが国最多の降水雨量がある大台ケ原を背後に控え、豊富な雨量と地力に恵まれ、良質のスギ、ヒノキの産地として中世以来、城郭や大規模な寺社建築に原木を提供してきた古い歴史を持つ。

主として吉野林業と呼ばれる地域は、奈良県吉野郡川上村と東吉野村、黒滝村で、ことに近世から植林が盛んになり、灘の酒造業の発展とともに、樽丸林業として特異な発展を遂げてきた。

吉野における植林の始まりについては、中世の文亀年間（1501〜1503）に川上村で始まったという説（「吉野林業全書」明治31年刊）には否定的な見方もあったが、近世中期には吉野林業は確立していたということに異論はなく、近年は文亀年間起源説を支持する学者も少なくない。いずれにしてもわが国で最も早く植栽による林業が確立した地域であり、世界的に見てもきわめて早い時期に発達した林業地帯である。

吉野林業地帯では杉が多く植林され、その育林方法は「密植・多間伐・長伐期」という吉野独特の施業で、吉野では、1ha当たり8000本から12000本という普通の数倍もの苗木を植える超密植が行われてきた。密植するのは、それによって木の成長のスピードを抑制し、年輪を密にし、本末同大にするためだが、それだけではひょろひょろの木になってしまうので、間伐を繰り返し行いながら、大径木に育てていく。そうやって成長したその杉の特色は、通直で立木の元と末との直径の差が外の地域の立木と比べて少なく、節が少なく、年輪が細かく、心材部の色がピンクに近い赤色をしていることである。これらの吉野材の特色が酒樽や高級内装材に適していた為、吉野材の需要を呼び、吉野材ブランドを確立して、吉野林業の発展を促した。

これほどまでの密植がなぜ行われたかについては次のような説がある。もともと吉野は急峻な地形の為、耕地が少なく食料が乏しく、林業が唯一の産業であるが、立木の製品のとれる大きさに成長するのには当然相当の期間がかかり、また成長の間に、台風などの自然災害によって立木が一気に土砂で流されてしまうといったことも珍しくなかった。

こうした理由から18世紀初め頃から経済的に困窮した吉野の人が、奈良県の平野部の豪農等資産家に所有山林を高く買ってもらう為より多く植林した事が、密植に繋がったという説である。

また山林を売却した吉野の人たちは、山林の新所有者である資産家から委託の形で、その山林の管理、育林を任された。この委託された者を山守といい、この山林所有者と山守との関係を「山守制度」といい、現在まで300年近く続いている。

第二次大戦中、軍用材を供給するために、強制伐採によって吉野の山林も荒れたが、戦後においても、吉野の「密植多間伐長伐期」を特色とする施策は山守によって忠実に守られ、吉野の美林を形成してきたといえる。

（清光林業提供資料より）

撮影　朝山 信郎

岡橋 清元　清光林業株式会社会長　　略　歴

昭和24年　9月　奈良県生まれ
昭和47年　3月　芦屋大学卒業
昭和48年　4月　石原林材（岐阜県）で研修
昭和49年　4月　清光林業株式会社入社
昭和55年　4月　同社代表取締役社長
昭和58年　6月　川上村森林組合理事
昭和62年　6月　奈良県林業技術開発推進会議委員
平成 4年　6月　奈良県森林組合連合会理事
平成21年　6月　林野庁路網・作業システム検討委員会委員
平成22年　4月　清光林業株式会社 代表取締役会長

貸し布団・老舗だから最先端・寝具リースに飛躍できた『小山』の商魂

小山株式会社

会長　小山《こやま》　新造《しんぞう》

撮影　朝山 信郎

本社

会社概要

本社所在地
〒630−8131
奈良県奈良市大森町47番地の3
TEL：0742-22-4321（代表）　FAX：0742-22-4340

創　　業	明治26年（1893）4月
設　　立	昭和37年（1962）10月
資 本 金	2億3400万円
代表者名	代表取締役会長　小山 新造 代表取締役社長　小山 智士
従業員数	608名（平成30年3月現在）
事業内容	寝具リース（レンタル）・販売、業務用クリーニング、リネンサプライ、福祉用具レンタル・販売、介護用品販売、介護住宅リフォーム
売 上 高	275億円（平成31年3月期予想）

ＪＲ奈良駅から南東に徒歩15分、小山㈱の本社の社内は清潔な白い壁にほど良い間隔で仏画や大和の風景画が飾られ、受付は別当だったころ書にいちばん力のあったという東大寺・上野道善の書「日々是好日」の縦長の軸が来客を迎え、この会社の主《あるじ》の趣味の良さを感じさせる。飾られている書画はすべて主の持ち物だという。

小山㈱は、あまり近代的企業の芽吹かない奈良の企業風土の中で、老舗の貸し布団業の業態を巧みに変身させ、寝具のリースやレンタルで我が国の業界をリードするまでに近代化をなしとげ、さらに発展の息吹を感じさせる企業である。いわば「大仏商法」で揶揄されることが多い奈良の企業の中にあって、時代に合った商いとは何か、の多くのヒントを提供し、業界を牽引してきた企業と言っていいだろう。

◇建設現場で歌われた〝小山の布団〟

鉄道工事などの現場で、このころ、次のような歌が盛んに歌われた。

「ことしや　こうでも　また来年は　小山布団で　柏餅……」

現場頭の合図で、「よいとまけ」の掛声とともに作業員が一斉に綱を引き、胴突《どうつき》を上げては下ろす作業の中で、現場の頭が「ことしや　こうでも　また来年は」と節を付けて歌い、皆がこれに唱和して歌いながら、和気あいあいと作業を進めていた。

この歌の作者は不明だが、歌の意味は「今年は仕事が少なく、懐具合もよくないが、来年は仕事も増えて、柏餅のように小山の布団に包まって寝起きし、

小山組商会創立メンバー（前列右側が小山榮三郎）

よい年であってほしい。さあ、元気を出してがんばろう」といったものである。今の時代なら、さしずめコマーシャルソングというところだが、これが小山が作った歌ではなく、現場で作られたという点に注目される。作業をしながら歌われるほど、小山の布団が親しまれていたということである。（平成5年刊「小山100年史」31ページ）

「建設工事あるところに小山あり」という小山㈱の歴史を象徴する創業まもない明治30年代の逸話である。建設工事のあるところには必ず作業員が寝泊まりする作業員宿舎ができる、そこに貸し布団というビジネスのチャンスが生まれる。現社長小山新造の祖父・小山榮三郎が父祖の地京都で分家独立したのは、日清戦争の前年明治26年のこと。兄が父から相続した綿商いと貸物商いの奈良の店を明治29年に任され、やがて兄から営業権を譲りうけ独立、小山榮三郎貸物店の看板を掲げた。当時は富国強兵の国策で、道路・鉄道・建築に沸き立ち、作業員宿舎が増えるのをみて、同業の少ない貸し布団だけに営業を絞った決断が、小山発展の基礎となった。初代・榮三郎の的確な情勢判断と商いを一挙に絞り込むビジネスセンスは後世に引き継がれていく。

大阪電気軌道生駒隧道工事・工事中の東口（奈良側）

初代・榮三郎の最初の商いが、作業員宿舎ではなく東大寺二月堂のお水取りのための貸出の50枚の布団だったのは、奈良にしっかりとした営業基盤を築く信用にもなったであろう。ただ、飛躍を遂げる機会が訪れたのは明治31年、関西鉄道トンネル工事を請け負った土木業者と独占契約を結ぶことができてからである。以後、初代の時代に全国の建設現場はもちろん、京都・東本願寺の例祭、奈良・天理教の例祭といった近畿に多い寺社に食い込み、関東大震災には被災者用の布団5万組を納入、水力発電所工事ブームの大正時代には大きく商いをのばしている。

震災地《しんさいち》から
蒲團《ふとん》の大注文《たいちうもん》
小山《こやま》、勝村両商店が
半分別けて引受け

布団の大量注文を報じる旧奈良新聞
（大正12年12月11日）

布団を受け取る被災者

一方で、従来の大福帳簿が一般的だった当時の奈良の企業にあって、近代的経営には欠かせない複式簿記を創業まもなくから採用している初代のビジネスセンスも堅実な企業に育つ上で重要な要素になっている。銀行出身の6代目の現社長・小山新造が社員に正確な数字を求めるのとよく似ている。

小山㈱にとっても業界にとっても転機になったのが昭和35年の病院向けの基準寝具の開拓である。それまでの建設現場向けの布団の貸し出しの業界のイメージから、病院の白衣や患者の寝具の貸出しというまったく新しい分野の開拓に小山㈱が成功したのである。

それまでは厚生省の通達で、患者の寝具は病院内で備え、病院内で洗濯、消毒しなければならなかった。業者に委託して貸出し寝具を使うことはできなかったのである。そこでこの新しい分野に社運をかけて知恵を絞った。当時副社長だった小山の父・恭二の強い働きかけが実り奈良市医師協同組合の監督のもとに共同洗濯場を設けるならば、厚生省の通達に触れないことがわかり、共同洗濯場を小山㈱の本社敷地内に設けることにした。小山㈱の工場とは独立した工場で、組合の管理のもとに業務を始めた。

病院寝具を扱うと、社員に病気が感染するのではないかと、従業員組合から難色が示されたが、将来を見

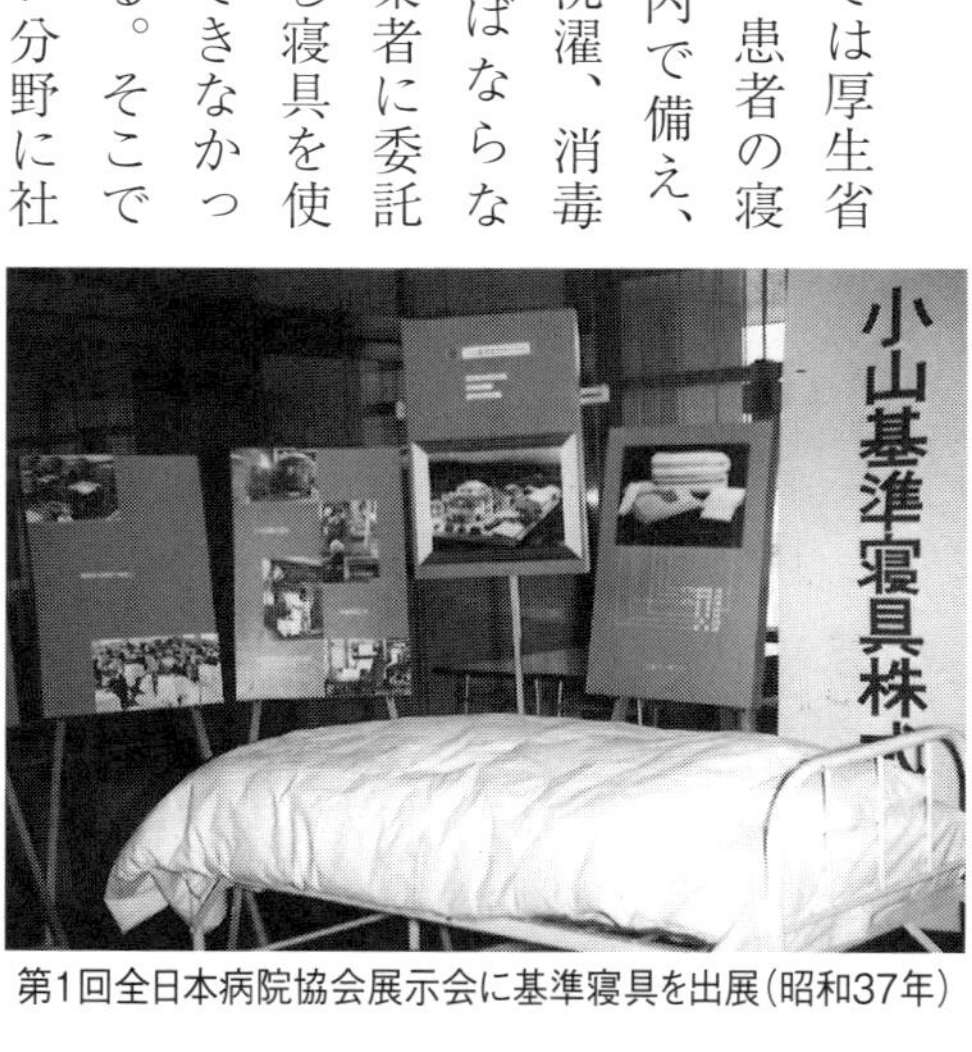

第1回全日本病院協会展示会に基準寝具を出展（昭和37年）

基準寝具設備実施病院共同洗場

据えるなか、基準寝具への進出は不可欠であり組合も要望を聞き入れ、定期的な健康診断をすることで、この大きなマーケットに先鞭をつけたのである。

父・恭二は日本病院寝具協会初代理事長に就く一方小山基準寝具㈱社長となり、決して小山㈱だけの利益を考えるのではなく、業界の指南役として、業界のまとめ役として粉骨砕身した姿を学生だった小山は身近に見ていた。

小山は南都銀行で最後まで勤め上げるつもりだった。父・恭二の遺言があったからである。父・恭二は初代・榮三郎の娘婿であり、小山の同族である。小山㈱の経営の上では一貫して番頭として実務に徹し、歴代社長を支えてきた。関西の多くの老舗では主人がカネを握り大きな決断だけをして、実際の経営は番頭に任せて来たように。

その父が、小山が甲南大学経営学部を昭和40年卒業する時「これからは小山㈱に同族を入れない。同族を入れていては会社が育たないだけでなく、社員にも夢がなくなる。食うに困っても小山㈱に行ってはいけない」と諭し、小山は主取引銀行であり、父が監査役を務める南都銀行に就職した。父・恭二は昭和35年、病院向けの基準寝具の草分けとして、業界全体を見る立場から、企業の将来をどうすべきか、考えていたに違いない。

ただ、父からは「小山㈱から助けてくれと乞われた時は、その限りではない」と、お家大事の釘は刺

小山社長の父・小山 恭二

されていた。

父・恭二が6年前93歳の天寿で亡くなっていた平成15年、先代社長・榮造から思いがけず「助けてほしいので、社長を継いでほしい」と、まさに乞われるかたちになった。特に経営に問題があるのでもなさそうなのに、と思いながらも、父の遺言のままに6代目社長を引き受けることにした。常務まで38年間つとめた南都銀行を辞めるのは心残りだったが、父の遺言を守ることにした。

平成15年6月、南都銀行の株主総会で退任、翌日午後は小山㈱の株主総会というあわただしい中、小山は朝早く父の墓参りに出かけ、6代目社長に就くことを報告した後株主総会に出席した。

先代社長　小山 榮造

それから2年後、先代社長・榮造は急逝し、今から思えば体調異変の兆候があったのかもしれないが、結果的に社長を引き受けてよかったと悟った。

小山は父・恭二が監査役をしている南都銀行に甲南大学卒業後就職。30歳代のまだ南都銀行支店長になる前のこと、東京にある全国地方銀行協会の銀行講座を1カ月間協会の施設に泊まり込みで全国各地の銀行員180人と共に研修を受けたことがある。

その時研修を担当した協会職員は、今も小山をよく憶えている。小山は人柄が良いだけでなく、品位を備え、しかも普通、銀行員はなかなか他人と交わるのを苦手にする中にあって、小山は実にひと付き合いがよく、親しみのもてる話し方でひとを魅きつけていたので、研修終了時の卒業生総代の答辞を小山にお願いしたという。このことは当時の頭取も南都銀行はじまって以来の名誉だと、大変喜んでくれたことを小山は思い出す。

南都銀行が初めて東京事務所を開設、小山が初代の担当になったのも、こうした小山の人柄によるもので、銀行にとっても、後に小山が入社する現在の

能を演じる小山社長幼少時代

小山㈱にとっても、東京という大きなマーケットと多くの人脈を得る重要な節目であったろう。

企業のトップに立つほどの人は、戦前は茶の湯の作法を心得、能を演じ、といった芸事や句作など伝統的素養は当たり前のように身につけていた。それが人の上に立つ人の条件でもあった。小山は現在の経営者には珍しく能を演ずることができる。4歳の時父・恭二の言われるままに、金春流・櫻間龍馬《たつま》に習い、少年時代奈良の薪能で舞い中学生時代には発表会にしばしば出ていた。櫻間龍馬は後に人間国宝となるほどの最高の能楽師、師匠として申し

南都銀行時代の小山社長

分ない。小山よりもはるかに年長だが、いまはなき京都室町の老舗繊維問屋「千吉」主人・西村大治郎も幼児期から狂言の稽古をつけてもらい、いやいやながらでも舞台に立ったことが、後に人に所作を見られる立場の主人になった時統率の心得として役に立ったという。

茶の湯も小山は官休庵の奈良官休会会長をしており、自宅には茶室を持ち、時には客を招いてたしなむという。これも父・恭二の教えに従って、小さいころから始めたもので、いまは多忙にかまけて、能も茶の湯もたしなむゆとりがないというが、本社の社内の応接室、廊下の壁などに飾られている小山所蔵の書画に小山の美意識を感じることができる。春日大社の献茶式の道具も小山が提供している。

小山の父・恭二はいずれ人の上に立つ小山の資質を見抜いて帝王学を伝授していたのかも知れない。「若いうちにその時できる最高のことをしなさい」としつけられている。「食べ物でも、若い僕らが行けるところでなくても、父は連れて行き、『こんなもんやで』と教えてもらってきた。大学生の頃、銀座の高級レトランに連れて行き、いくらしたかも教えてくれた」。1回でいいから、若いうちに最高のところ、最高の人を知っておけば、自分がいまどんなところにいるのか、動じることなく理解できるようになるということを教えられて来たという。

父・恭二はマナーに厳しかった。新聞紙をまたいで足を蹴られたこともある。書物はもちろん新聞紙も人間の知恵の結集の成果であり、人格が潜んでいるがゆえに、またぐという非礼を許さなかったのだ。ホテルでスープをズーと音をたてて飲んだ時、叱りつけられた。「スープは飲みものではない、食べものだから噛みなさい」と言って、音をたてずにスープを飲む方法を巧みに教えている。

いま企業のトップとして、企業人だけでなく、政治家や学者や芸術家などさまざまな人々と接することが多いだけに、こうした父・恭二の教育で自然のうちに身につけたものがいかに役に立っていることか。「振り返ると、父の教育はつくづくよかった」。

小山が南都銀行常務から先代社長に乞われて小山㈱6代目社長に就いて1カ月後の平成15年8月の社

内報でのインタビューで「家庭で子供の成長に際して、親は精一杯愛情をもって支援・応援しているとでしょう。会社が我が家だったらどうするか。子どもが部下ならばどのように接するか……。これらは物事を考える上での信念であり基本になっています」と、父の教育を思い出すかのように語っている。

奈良の一流の老舗として品格ある企業にしたいと小山が考えるのは、父の背中を見て育ったことに因るだろう。

◇「正しい数字を社員が報告しているだろうか」

社長として、まず社員にいちばん訴えたのは、「ものごとの判断は数字」が基礎であるということであった。どこに、なにが、どれだけあるか、社内の各部署が日常的に正確につかんでなければ、経営の判断を誤るからだ。小山が全国の工場や倉庫に出かけた時即座に数字が「読める」かどうか。布団やマットレスが山積みのままで整理されてなければ、正確な数字を「読めてない」ことになる。数字の読めない函の置き方では経験と勘に頼った見込みで嘘の数字を報告することになる。

そのことの徹底のため、平成18年、病院向けリースの白衣や病衣にICタグをつけ、個々の商品がいつ、どこに、何回貸出され、何回洗濯され、補修されたかなど個別の商品管理の導入を決めた。貸出で怖いのはどこで、誰が使ったのか、わからないので、戻ってきた布団やシーツが原因で、工場で働く社員が感染症にかからないように万全の防御をすることだ。在庫管理だけでなく、品質管理や環境管理も重要で、日本品質保証機構ISOの14001環境マネジメントシステムに続いて、9001品質マネジメントシステムの認証を取得している。現在はバーコードによる個々の商品管理が主流だが、いずれにしても小山が示した「正しい数字の読める」工場の徹底の成果である。

読める工場にするために、納品するものか、それとも貸し出しから戻ってきた商品か流れがわかるように動線を色分けし、洗濯された清潔な商品が、汚れて戻ってきた商品と交わることのないようしたのも、「正しい数字の報告」を引き出すために必要な

本社工場

工夫である。現在、小山㈱は貸出先から集配する使用済商品を運ぶトラックとクリーニングして清潔な商品を運ぶトラックとを別便にしている。この方法ではコストのかかることから、大半の同業者は同じトラックで、汚れたものとクリーニングされたものを一緒に輸送しているが、小山㈱の長年の信用のためにも、厳格に守っている。

小山㈱には昭和39年4月、小山㈱が小山基準寝具㈱を吸収合併した際に制定された「企業目標」に加えて、平成の創業100年の折、先代社長・小山榮造が制定した「経営理念」の額が本社の玄関ロビーに掲げられている。

経営理念

一、創造に挑戦し、溌剌とした良い会社でありつづけます
一、顧客に信頼され、魅力的な会社をめざします
一、人間性を尊重し、人的資源を大切にします

企業目標

企業内の総和を結集して企業を繁栄させ、企業を通じて社会に貢献する

バブル経済がはじけた直後で、まだバブルの名残で、建設工事もたくさんあり、「布団を持って来い」という電話を待つだけで商売ができるような時代につくられた社訓である。得意先の信頼にこたえるために、極端に言えば、3枚の布団を2時間かけて届けるといった社風でもあった。現社長小山が10年前小山㈱に入った時の社内は、とげとげしくなく、ゆったりとした、恨みを買うような商いはせず、「まったり」としていた。業界をリードしている企業であるという自負心が、「攻め」の商いによる波乱を求めなかったといってよかった。その伝統が、いまにつながる顧客との長い信頼であることは間違いない。そのうえ社内の「和」は今も十分に保たれている。

しかし、長引く不況のなかで同業は150社、仕事の奪い合いが続けば、「まったり」した社風ではいつまでもやっていけない。

小山がめざす社風は、社員が人生で働くとはどんな意味があるかを考え、いま働いている小山㈱に一生いるわけではないが、この会社にいてよかった、もし入れてくれるなら我が子も小山㈱に入れてほしい、と思う企業だという。バブル経済破綻とともに使い捨てのような非正規労働者の雇用が主流となり、愛社精神が消え失せている中で、小山が言うような社風を築くことができるのは、家族的な雰囲気の濃い同族会社だけかもしれない。そこに「経営理念」にある〈創造に挑戦〉の魂を吹き込めば、奈良の老舗らしい新たな道を切り拓いていくことになるのだろう。

（敬称略）

大塚 融

（記・2013年6月）

■編集部註

小山新造氏は、平成30年6月代表取締役会長に就

任しましたが、本文中の役職名は取材・執筆時のものをそのまま使用しています。

撮影　朝山 信郎

小山 新造　小山株式会社会長　　略　歴

昭和17年	6月	奈良県生まれ
昭和40年	3月	甲南大学経営学部卒業
昭和40年	4月	株式会社南都銀行入行
平成 7年	6月	同行取締役（資金証券部長）
平成 9年	6月	同行取締役（本店営業部長）
平成11年	6月	同行常務取締役
平成15年	6月	小山株式会社代表取締役社長
平成30年	6月	同社代表取締役会長

「商都高田」復活に賭ける地域とともに歩むエネルギー事業

大和ガス株式会社

会長　中井《なかい》 隆男《たかお》

撮影　朝山 信郎

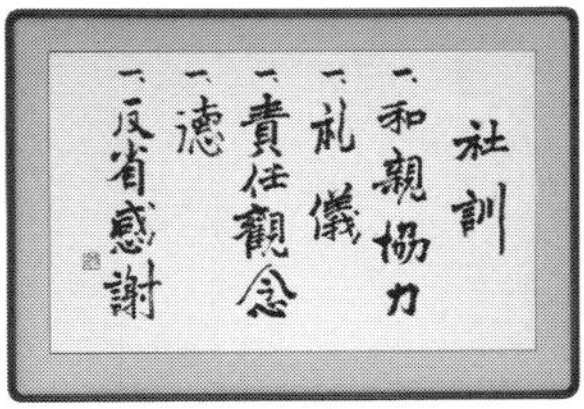

社訓

本社

会社概要

本社所在地
〒635−0035　奈良県大和高田市旭南町8番36号
TEL：0745-22-6226　FAX：0745-52-7950

設　　立	昭和32年（1957）9月12日
資 本 金	1億5000万円
代表者名	代表取締役会長　中井 隆男
	代表取締役社長　中井 俊之
従業員数	116名
事業内容	都市ガスの供給及び販売、ガス機器の販売、電力販売事業
売 上 高	107億円（平成30年度）
都市ガス販売量	102,876千立方メートル
需要家戸数	70,279戸（平成30年度）
導管延長	962,617メートル（平成30年度）

平成25年4月、大和高田市片塩町の近鉄高田市駅に近いサティ高田店跡に、食品系スーパー「近商ストア」大和高田店がオープンした。3年前に閉店したサティ（旧ニチイ）は、JR高田駅前のオークタウンとともに30年以上市民の消費生活を支えていたが、商圏の変化などで売り上げが落ち込み、撤退を余儀なくされた。以来、その跡地の行方は市民のみならず奈良県経済界の注目するところであった。大和高田商工会議所会頭を務める中井隆男は、みずほ信託銀行との交渉を重ねる中で結局、自ら範を示すかたちで跡地取得に踏み切った。それは地元経済界のリーダーとして商都復活にかける決意の表れでもあった。かつて「商都・高田」は県内随一の繁栄を誇った。市内の天神橋商店街は、大阪・心斎橋にも負けないほどの買い物客でにぎわった。中井は、往時の繁栄を取り戻そうと、衰退する中心市街地の活性化に忙しい毎日を送っている。

「商都高田」の玄関口・近鉄高田市駅前（昭和30年代）

旧サティ高田店跡再開発

社長室の机の後ろに、墨痕鮮やかな「一《いち》期《ご》一《いち》會《え》」の額が掲げられている。厳しく力強い筆致だが、女性の作。知り合いの書家・西橋秀泉（本名西橋昌子）に書いてもらった。これが座右の銘。人との出会いを何よりも大切にしてきた中井の、70年の人生をよく表す言葉だ。

少年時代からスポーツ好きだった。當麻小学校（葛城市）ではソフトボール、白鳳中学（同）では準硬式野球、県立高田高校では柔道に打ち込んだ。初段だったが、2段の上級生を投げ飛ばしたという話もある。そして甲南大学ではゴルフ部の副主将として団体優勝に貢献した。中井の忍耐力と、時に応じた的確な状況判断はスポーツで培ったようだ。

◇ゴルフとの出会い

「私は今、ガス会社の社長をしていますが、この社長業というヤツ、実に孤独なポストで最終的な責任や判断は自分で負うしかない。ゴルフも同じ。誰も手を貸してくれない個人競技だけに、学生日本一を目指し、黙々と練習に励んだことが、今となっては私の仕事の大きな原動力となっている」(「甲南大学ゴルフ部創部50周年記念誌」への寄稿から)。

ゴルフは初心者だった。入部して、明けても暮れても練習、練習。上級生の命令は絶対で、1年生は「虫けら」、2年生は「奴隷」、3年生で、やっと「人間」。4年生は「神様」と言われた時代だ。打ちっぱなしでは、1日に「小型ダンプカー1台分」のボールを打つようにと猛特訓を課せられた。

そんな中で「伝説のゴルファー」中部銀次郎との出会いは衝撃だった。すでに下関の高校生のころからその名が知られていた中部は、入部してすぐに正選手。一緒に入部した中井たち「虫けら」や「奴隷」を飛び越えて、既に神様の域に達していた。

甲南大チームが昭和39年の第10回信夫杯日本学生選手権大会で悲願の初優勝を果たしたとき、中部は主将、中井が副主将であった。当時の中部を「そりゃ強かったですよ。ちょっとレベルが違いましたな」と振り返る。中部は日本アマチュアゴルフ選手権で6回優勝したほどの実力を誇るヒーローだったが、惜しくも平成13年に亡くなる。

中井は3人兄弟の真ん中、次男坊である。負けず嫌いでマイペース。要領はいいが頑固で自立心が旺盛。自由奔放で活発に動くというのが、次男坊の一般的な性格だそうだ。豪放で明るい中井の第一印象から、次男坊のイメージを重ね合わせると、うなずける面が多い。スポーツで鍛えた器用さも併せ持っている。そういう点では、経営者になるべくしてなっ

第10回信夫杯優勝メンバーと
(中央:故中部銀次郎、その右中井社長)

た人物とも言えよう。

◇創業の苦難

昭和33年1月、市制を施行して10年目の大和高田市に、初めてガスの火がともった。市内の６００戸に都市ガスが供給されたのである。それまで、かまどや七輪で煮炊きをし、柴や薪で風呂を沸かしていた市民の暮らしが一変した。前年に「高田瓦斯」の名でスタート。社長は地元選出の代議士でガス事業認可に奔走した伊瀬幸太郎の長男・伊瀬敏郎。会長には、中井の父・中井一男が就任した。伊瀬も中井も同郷で葛城市(旧當麻町)の出身。資本金１２５０万円、従業員十数人の会社だった。

創業時の工場とガスタンク

だが創業時から順風満帆ではなかった。田んぼの中にバラックの小さな仮事務所を建て、石炭プラントはレンガを一個ずつ積み上げた手づくり。同業他社から炉のたき方の研修を受けるなど、見よう見まねの製造現場であった。

「当時は熱量計もなかったので、火を燃やした感じで『ええ火やな。これぐらいやったら3600キロカロリーあるな』という状態ですね。感覚でやっておりました」(「大和ガス五十年史」北川東一郎元常務の談話)。ガスの効用を一から説明しての顧客獲得。幹部の夫人が民家を一軒ずつ回って契約を取るという、地をはう営業だった。工事代金の前納には少なからぬ抵抗もあった。聖徳太子の1万円札が発行され、東京タワーが完成した年である。

翌34年、隣接する橿原の市長から都市ガス供給の話が持ち込まれた。当時の金で4千万円という莫大な設備資金に不安がある中での進出だった。市の協力はあったものの、当初の申し込みはわずか３００戸。1カ月の売り上げは約28万円という惨たんたるものだった。この年、大和高田市以外にもガスを供給することから社名を「大和ガス」に改称した。

◇エネルギー革命

わが国は昭和30年代後半に入り、石炭から石油へと「エネルギー革命」が進行する。海外から安価な石油が大量に入ってきたのである。石炭にくらべて安く、取り扱いが容易で、輸送・貯蔵に便利な石油は産業界各分野に広がった。都市ガスも石油系原料ナフサへの転換が進んだ。

昭和37年、大和ガスもナフサ（オイルガス）への転換に踏み出す。橿原進出で期待されたほどには需要は伸びず、石炭価格の上昇も経営を圧迫していた。石炭発生炉を造って創業まもないのに、石油によるガス発生装置という主要設備の転換は社の浮沈をかけるものだった。ここでも多額の設備投資を必要としたが、銀行団の特別融資を受けて目途をつけた。新しいオイルプラントは中小ガス事業者に合う中で、当時最新型であった四国瓦斯（愛媛県今治市）方式を採用した。

◇2割値下げの積極策

オイルガス転換は、コスト低減をもたらした。さらに生産量のコントロールが容易になり、石炭燃焼時の重労働による人手不足解消につながった。ガスの生産量は増大し、十分な体制が整ったところで経営陣は積極策に打って出た。

それは都市ガス需要家を1軒でも多く増やすために、料金を2割値下げするという大胆な決断だった。これにより利用者が飛躍的に伸びた。値下げが都市ガス普及に「火をつけた」のである。ちょうど家庭用の湯沸かし器が普及し始めた時期で、ガス器具の月賦販売も消費者ニーズに適合した。この需要拡大の成功は、のちに「創業以来、最初の難関を突破できたことは、企業発展の歴史的なターニングポイント」と社内で語られる出来事だった。

◇実印を握る新入社員

中井は昭和40年に大学を卒業すると、提携先の四国瓦斯に入社が内定していたが、父親が別に経営する常盤薬品（大阪）に入社させられた。長兄が跡を継がず渡米留学してしまったからである。「社長の運転手代わりに使われた」と言うが、父はすでに息子の経営の才を見抜いていたのであろう。後年、中井は常盤薬品の整理、ノエビアへの譲渡にも携わったので運命的ともいえる。

大和ガスへの入社は翌41年。すぐに銀行の実印を持たされた。立場は新入社員兼監査役といったところ。小切手を切るのも、銀行との交渉も全てやらされた。会長の父親は常盤薬品の経営に忙しく、大阪へ出掛けてほとんど社内にはいない。中井の独立心はこのころから着実に養われたようだ。

◇オイルショック

昭和48年の第一次オイルショックは、諸物価の高騰をもたらした。買いだめや買い占めが横行し、トイレットペーパーや洗剤が不足するなど日本国中がパニック状態に陥った。中東からの石油供給量削減は大和ガスにも重大な影響を与える。ガスの製造原料である石油、ナフサ、LPGの確保が難しいということは、ガス会社にとって死活問題だった。原油の高騰が追い打ちをかけた。

大和ガスは、原料確保が難しくなったことから、ついに顧客にガスの使用量を節約してもらうよう、お願いのチラシを配った。しかし個人の契約はそれほど効果はなかった。さらに、最悪の場合はガスの使用制限もあると通告した。原料の高騰と料金の据え置きにより「ガスを売れば売るほど赤字が増える」という悪循環を繰り返していた。社内はパニック状態になる。

「とにかく営業の者は遊んでおいてくれ。お前らがちょこちょこ物を売って売り上げを増やしてくれたら、それだけ損をする」というのが役員の一致した意見。大口の注文があっても「断ってこい」という状態だった。

◇積極攻勢

当時、中井は常務取締役だった。資金繰りにも苦労し、赤字もかさんできた。社内が右往左往する中で、中井は「海にタンカーがいっぱいあるという。このような状態がいつまでも続くとは思えない」と考えた。「今、じっとしていても150円損するのであれば、ちょっとでも販売活動をして100円もうければ50円の損で済む」と営業担当者に大号令をかけた。今こそ顧客獲得のチャンスと考えたのである。

どのガス会社も需要家獲得を見合わせていた時に、大和ガスは積極的な販売攻勢に打って出た。2年間で新規獲得は3千戸に上り、このときの決断と営業展開は後々大和ガス発展の大きな原動力になった。

ピンチをチャンスにという発想は、スポーツで修羅場をくぐった中井の皮膚感覚だったのかもしれない。

◇天然ガス転換

石油や石炭などの化石燃料に比べて、燃焼時の二酸化炭素や窒素酸化合物の排出量が少なく、大気汚染や酸性雨の原因物質も発生しない天然ガスは地球にやさしいエネルギーとして注目されていた。埋蔵量も豊富で、産出地域が世界各地に分布しており長期にわたり安定した供給が得られる。

当初、社内では天然ガス切り替えに賛否両論あった。メリットは大きいが、転換にかかる費用が莫大である。1軒の転換費用は、その家庭の1年分のガス料金に相当すると試算された。需要家4万戸で、ざっと40億円。これは1年間の売上額に匹敵する。当時、会社は約20億円の借入金があった。さらに年間売上分の経費をどう賄うのか。

借財だけが残るとして、役員会はもめにもめた。ほとんどが反対意見だった。だが、中井はただ一人

天然ガス転換作業

「大和ガス100年の計を思うと、いま転換すべきである」と力説した。総合的に考えてやるしかないと考えた。英断であった。「その時はまだ常務でしたが、実質的に経営を担っていました。父親も黙っていました」。

天然ガス転換は費用の面から平成3年の1期と同8〜9年の2期に分けて実施した。供給元は大阪ガスから。導管延長は供給区域が近接していたのが幸いした。これによって、都市ガス製造の苦労から解放された。火気を扱う工場を抱えていると絶えず事故を心配する。「夜中に自宅に電話がかかってきても、万一を考え自分から電話を取ることはなかった」というほど神経を使った。一日として製造責任者の立場を忘れたことはなかった。

◇社員を鍛える

県内の経済人には珍しく、中井は思ったことをズバリと言う。陰で言わず相手に向かってはっきりものを言うので、「かなわんなあ」と思う人は多いが、恨まれることは少ない。明るいが声が大きいので、社員にはさぞ怖がられていよう。危険物を扱う職場であれば当然か。幹部には社外で厳しい長期間の研修を課す。そこで管理者の任務と自覚をたたき込み、マネジメント力を強化する。また行動的発想を身に着けさせ、コミュニケーション能力やスピーチ力を磨く。求めるものは、鍛えた後に得るであろう達成感だ。これはスポーツにも通じる。

◇大相撲との出会い

3月に大阪場所が始まると、大和ガスの構内に大相撲のぼりが立つ。鏦山《しころやま》部屋に宿舎を提供しているのである。親方は、甘いマスクで女性ファンの人気を集めた元関脇の寺尾。鉄人と呼ばれるほど鍛え抜かれた体と稽古量で存在感があった。

親方との出会いは29年前にさかのぼる。親方は21歳の幕下力士だった。昭和59年3月の大阪場所で、知人と相撲部屋を見学に行った。当時の井筒親方(元関脇鶴ヶ嶺)から「うちの三男坊です」と紹介された。以来30年近い付き合いになる。寺尾はとにかく稽古好きだった。「将来、この若者は必ず伸びる」と感じた。半年後に十両昇進。さっそく「奈良寺尾後援会」を結成。会員集めに奔走した。化粧まわしも作って贈った。中井が見込んだ通り、寺尾は関脇まで昇進し、関取在位110場所の記録を作る。平成14年に引退すると、年寄「錣山」を襲名。2年後に部屋を独立した。創部してさっそく3月の大阪場所で宿舎や土俵が必要になった。

ここで役立ったのが大和ガス敷地にあった宿泊施設だ。2次にわたる天然ガス転換は社運をかけた大事業だったが、膨大な作業のために大阪ガスから大勢の応援部隊が来ていた。そのとき寝泊まりした宿舎が残っていたのである。都市対抗で活躍する野球部が使っていた雨天練習場も使わなくなった工場の建屋を利用したものだった。この一角に土俵も作った。

いまや大和ガスに相撲のぼりが立つと高田の街に春が来たことを知らせる風物詩になった。けいこには多い時で100人近いファンが集まる。地元野菜などの差し入れも多い。部屋に関取衆が増えれば、さらに人気を呼ぶに違いない。

平成24年は50年ぶりに大相撲の地方巡業「葛城場

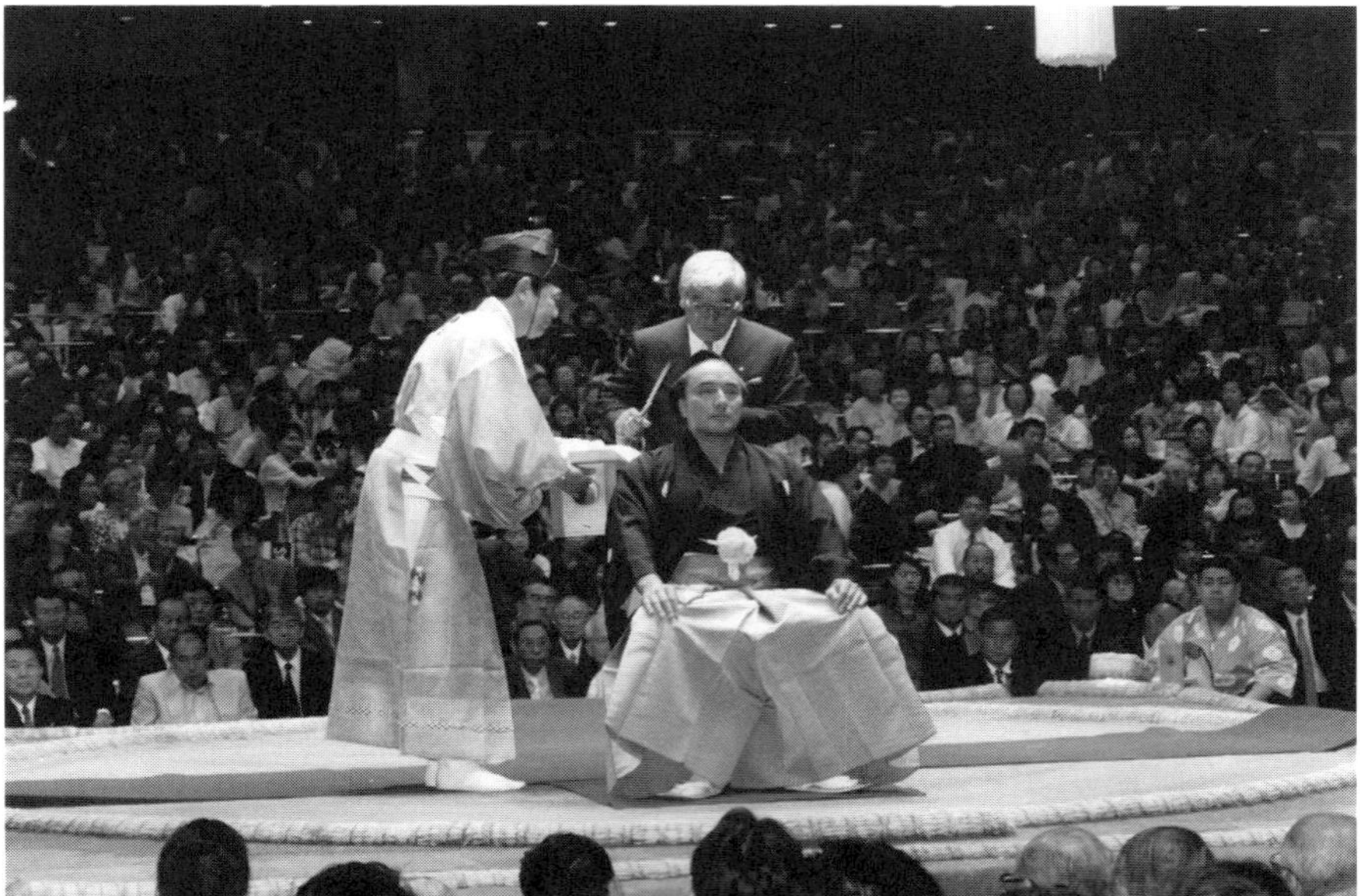

寺尾関（現錣山親方）断髪式にて（平成15年5月）

所」（葛城市民体育館）を開くことができた。相撲の祖・當麻蹶速《たいまのけはや》ゆかりの地であり父祖の地であるだけに感慨ひとしお。応援してきたかいがあった。

◇宝塚ファン

中井が宝塚ファンと聞くと意外に思われる向きもあろう。失礼ながら、そのいかつい風貌に似合わないかもしれない。宝塚歌劇団との出会いは20年ほど前になる。寺尾関目当てのタカラジェンヌと意気投合した。寺尾関を囲んでの食事会が盛り上がって以来、劇団員との交流の輪が広がった。もっとも学生のころから、いつも乗る阪急電車と宝塚はなじみだったようだ。

「月」「雪」「花」「星」「宙《そら》」どの組のメンバーとも幅広く付き合いがあるが、元星組トップスターでイラストレーターの稔幸《みのるこう》はお気に入りの一人。中井も一目置く酒豪らしい。「四合瓶を空けてもけろりとしている」。

宝塚の良さは、どの団員も礼儀正しいところ。歌劇団の「清く、正しく、美しく」のモットーは、大和ガスの社訓の一つでもある「礼儀」に通じるものがある。平成20年の創業50周年記念事業で関係者３００人を招待し、橿原ロイヤルホテルで元準トップスター汐美真帆の豪華ディナーショーを開いたこともある。

◇社会人野球「大和高田クラブ」

中井が小中学生時代に親しんだ野球は、自社に軟式野球部をつくり強豪チームにまで育てたが、本格的に社会人野球に力を入れるようになったのは平成9年の「大和高田クラブ」発足から。昔から大和高田は野球がさかんだ。中井が卒業した県立高田高校も、プロ野球で活躍する三浦大輔（横浜）の出た市立高田商業も甲子園へ出場している。

中井は企業が抱える実業団チームではなく地域のクラブチームにしたいと考え、近隣の企業にも参加を呼び掛けた。大和高田クラブは発足初年度に近畿大会で初優勝。本大会でも4強入りを果たした。そして、平成22年の都市対抗野球では市の代表として近畿地区代表決定戦に勝ち初出場を果たした。東京ドームへ無料の応援バスを仕立て、約１千人の市民

第26回全日本クラブ野球選手権大会優勝の大和高田クラブ（前列中央：中井社長）

が声援を送った。２回戦で敗れたが、このときは市民チームの夢が実現したと確かな手ごたえを感じた。

◇地域の明日に夢を

大和高田市は県中西部に位置する中和・葛城地域の中心都市である。古代には、安寧天皇が片塩浮孔宮で即位された（紀元前５４９年）と古事記にあり、飛鳥時代に造営された横大路が市内を貫いている。この道は当麻の竹之内街道につながる。中世には当麻為秀が初代高田城主となり、戦国時代に高田氏が滅ぶと、江戸時代には新庄藩の改易を経て高田村は天領に。綿花栽培が盛んになると綿業を中心に市場町として発展した。

明治以降は紡績工場が設置されたことで繊維産業の中心地として栄えた。戦前から戦後にかけて、ＪＲ高田駅東側にあった赤レンガの大日本紡績（日紡―ユニチカ）高田工場は繁栄する高田の象徴であった。近年、輸入製品との競合もあって繊維産業が衰退すると、ユニチカ高田工場も昭和52年に閉鎖される。跡地にはユニチカ系のショッピングセンター

「オークタウン」ができた。オークタウンは県内の大型商業施設では最も古い。

平成22年6月、オークタウンとともに市民の台所を預かっていた旧ニチイのサティ大和高田店が閉店した。

中井は翌23年、この跡地（1万2100平方メートル）を解体費用も含めて十数億円で買収した。市民に直結する地元企業として、衰退する中心市街地を見捨てるわけにはいかなかった。「長年お世話になっている地域のために」と思い切った投資であった。この動きに呼応して、さっそく食品系スーパー「近商ストア」が進出。同地には南都銀行も支店を新築する予定で、大和高田市は「子育て支援、高齢者交流、防災・まちづくり活動支援、市民交流機能を備えた施設」を計画している。

◇商都復活

「商都・高田の復活」。これが中井の夢だ。映画館が立ち並び、商店街に人があふれた時代をもう一度見てみたい。近商ストアがオープンして何日かたったある日、街で見知らぬ人から「このたびは、ありがとうございました」と声を掛けられた。買い物客はちゃんと中井の行動を知っていたのである。これがうれしい。ガス事業という市民に寄り添う仕事は「毎日あって当たり前」。存在を知られるのは問題が起きた時だけという厳しいものだ。それだけに、暑いにつけ寒いにつけ市民生活の安寧を第一に願う。

創業55年を迎えた大和ガスは、今や需要家6万6700戸。導管は890キロメートル余にまで延びた。供給エリアは大和高田市をはじめ橿原市、葛城市、御所市、桜井市の一部、香芝市の一部、広陵町・明日香村の一部に広がる。次の目標は10万戸。創業70周年へ向け、さらに天然ガスを使用した家庭用発電装置のエネファームや家庭用ガス発電・給湯暖房システムのエコウィルを充実させ、太陽光といったクリーンエネルギーの可能性を追求する。

地域とともに生きる中井の心意気は、太く長く延びるパイプラインのように多くの人の輪につながっている。

（敬称略）

社業以外に地域や経済界の世話役として奔走する日々だが、自身の健康法は早寝、早起きがモットー。ゴルフも「遊び」程度に。食事にも気を使う。最近はタジン鍋に凝っている。朝食は地元野菜をこの鍋で蒸して食べる。「基本的に家で酒は飲みません」。晩酌はやらない。外で飲む時はもっぱら焼酎《しょうちゅう》。最近は宮崎の芋焼酎「甕雫《かめしずく》」（20度）がお気に入りだ。水で割らずオンザロックで。カラオケは好きではないらしい。あえて聞かれれば、松山千春の「長い夜」。エレキの効いたノリのいいロック風の曲である。30年ほど前にヒットしたが、根強い人気がある。

家族で（後列右端・中井社長）

小久保 忠弘
（記・２０１３年８月）

■編集部註
中井隆男氏は、2017年3月代表取締役会長に就任しましたが、本編本文では取材当時の役職名をそのまま使用しています。

撮影　朝山 信郎

中井 隆男　大和ガス株式会社会長　　略　歴

昭和18年	1月	奈良県生まれ
昭和40年	3月	甲南大学法学部卒業
	3月	常盤薬品工業株式会社入社
昭和41年	4月	大和ガス株式会社入社
昭和45年	2月	同社常務取締役
昭和47年	4月	大和ガス工事株式会社常務取締役
昭和54年	1月	大和液化ガス株式会社常務取締役
	3月	常盤薬品工業株式会社取締役
昭和62年	1月	大和ガス工事株式会社を大和液化ガス株式会社に吸収合併
	4月	大和液化ガス株式会社を大和ガス住宅設備株式会社に社名変更
平成 7年	4月	大和ガス株式会社代表取締役社長
	11月	大和ガス住宅設備株式会社代表取締役社長
平成26年	12月	大和ガス住宅設備株式会社監査役
平成29年	3月	大和ガス株式会社代表取締役会長

木を一筋に半世紀
気遣いと気配りで地域に尽くす

ウラベ木材工業

代表　卜部《うらべ》　能尚《よしたか》

撮影　柴田 ヒデヤス

工場

会社概要

所 在 地
〒633−0054
奈良県桜井市大字阿部527番地
TEL：0744-42-2688　FAX：0744-45-4378

創　　業　昭和7年(1932)9月1日

代表者名　卜部 能尚

従業員数　18名

年　　商　5億円

関係会社　ウラベ商事株式会社(代表取締役　卜部 能尚)

ト部能尚は、桜井市内で一番多くの公職を持つ人物ではないか。30以上ある肩書の中で県共同募金会の会長など県民に広くなじみのある役職も多いが、本人は地元の団体・機関にこだわりたい。つまり地元桜井を愛し、地域の発展を願う気持ちが人一倍強い。

笑顔の絶えないソフトな紳士だが、若くして家業を継いだ苦労人でもある。製材業という木の本質を見極めてきた一筋のプロは、一方で人を見る目も確かだ。「木づかいは気遣い、木配りは気配り」に通じると見た。

◇**木材の町**

桜井市の玄関口、JR・近鉄桜井駅北口広場に高さ約10メートルの巨大なモニュメントが立つ。平成10年12月、市制施行40周年を記念して桜井市と市商工会地域振興部会が「日本文化の源流の地」を広く知ってもらおうと建てた広告塔だ。当初、鉄製の塔が予定されていたが、「木材の町・桜井」を強くPRできるものをと、桜井木材協同組合の提案で樹齢500年のカナダ産米杉が調達された。ト部は当時、同木協の第14代理事長。米杉は水に強く腐食に耐える。天空に伸びる4本の柱には、桜井市から始まったとされる「相撲発祥の地」「仏教公伝の地」「芸能発祥の地」「万葉集発耀の地」の四つの標語が記された。総工費2千万円。資金集めと建設に奔走したト部は、モニュメントの除幕式で感慨深い思いでテープカットに立ち会ったのを思い出す。

ト部が平成8年から理事長を6年、副理事長時代を含めると16年も役員を務めた桜井木材協同組合は、昭和24年6月に設立。翌年には全国に先駆け

「日本文化源流の地」木製モニュメント（桜井駅前・平成9年寄贈）

て原木の市売り事業を展開するなど、奈良県木材業界の中心的存在であった。桜井木材市場では県内の木材の半数以上が取り扱われるなど、日本を代表する産地となった。桜井はもともと多武峰、宇陀、東吉野の山林から集まる良質で豊富な木材の集散地であった。吉野川・紀ノ川水系や十津川・熊野川水系の木材産地が筏《いかだ》流しの水運で発達してきたのに対し、桜井周辺には水流の豊富な河川がないことから、当初は規模の小さな産地であったが、明治以後の鉄道輸送の発達で東京を中心とした関東地区の大消費地と直接取引ができることになったことで、飛躍的に拡大発展を遂げることになった。同協同組合はその中核となり主導的役割を果たしてきた。

◇鉄道とともに

昭和の前期に、鉄道の桜井駅は大和鉄道、大阪電気軌道、参宮急行のそれぞれ接続乗り換え駅となった。また道路の整備拡張にともなって、トラックによる素材運送が普及した。この時期に桜井の木材加工業は多方面にわたって発展する。一般建築用材のほか、樽丸《たるまる》（酒や醤油など醸造用の桶を作る板材）、桶木《おけぎ》、電柱、経木《きょうぎ》（塔婆や包装用材）、檜縄《ひのきなわ》（耐久性に優れ、筏や船舶などを水中で結ぶ）などがいずれも生産を伸ばし、磨き丸太生産も軌道に乗った。当時、背板利用の小割り業者がかなりいたが、背板を賃挽き（顧客の持ち込んだ原木を量や作業時間に応じた金額で引き受ける方式）に出すのは不利なので、小規模機械を設置して自家用製材を始めた。これが、やがて丸太の製材から製品販売までやる一般製材工場の生まれる契機になる。

◇桜井木材協同組合

戦後の混乱期を脱し、桜井の木材・製材業界をさらに発展させるためには、加盟各業者の経営機能を支援する協同組合の活動は不可欠であった。木協（桜井木材協同組合）の実施した事業は、素材の市売り市場開設、金融部や貯木場の設置、山林買い付け融資制度の確立など多岐にわたるが、なかでも市売り市場の開設と金融部の設置は、その後の業界の発展に寄与するところが大きかった。

桜井木材協同組合ビル

特別市の光景

最盛期の昭和40年代には組合員261人を数え、木材市場の原木取扱量も平成5年に7万立方メートルを超えるなど発展の一途をたどった。だが、現今の住宅着工戸数の減少、木造建築率の低下による需要の減退など経済環境は厳しい。グローバル化にともなう外国産材と国産材との競争激化、消費者ニーズの変化、従業員の高齢化と後継者問題など課題も山積する。しかし、他に先がけた住宅販売と木をPRする木材振興センターの開設や、いち早い電算化の導入で周辺市町村の行政事務の委託業務まで取り扱うなど、常に時代を先取りした取り組みで地域をリードしてきた。木協は今でも桜井の顔であることに変わりない。

卜部が理事長時代の平成10年10月、大阪・新歌舞伎座で創立50周年式典を開催。記念誌の刊行など各種記念事業を行った。顧問に退いた平成20年11月には創設60周年式典と「木材振興センター・あるぼ～る」の完成式典が挙行された。スペイン語で木を意味する「あるぼ～る」は昭和59年4月、同市阿部に木協の販売・PR拠点としてオープンしたが、老朽化にともない栗殿の旧木材市場跡地へ移転。新施設は6千平方メートルの敷地に100本の丸太などを使用した木造平屋のイベントホールがあり、講演会やコンサート、展示会などに利用できる。住宅相談などに応じる建築部棟、物販やカフェなどのテナント棟を併設している。

木材振興センター「あるぼ〜る」

◇先代の戦前、戦後

　ウラベ木材工業は父親のト部裕通（明治45年生まれ）が昭和7年に設立した。兵隊検査が終わった21歳のときである。ちょうど三輪―桜井間に新しい道路ができ、翌8年に貯木場が栗殿東部に開設されたたころだ。町内にも賃挽き製材から一般製材工場が増えていた。既に大阪上本町―桜井間を結ぶ大阪電気軌道（現近鉄大阪線）が開通し、さらに初瀬まで延長されていた時期である。

　昭和12年に日華事変が勃発《ぼっぱつ》すると、わが国の経済は急速に統制と軍需優先に傾斜していく。同14年に物価統制の大綱が決定され、同年森林法改正、建築統制令、木材の公定価格公布など次々と統制政策が打ち出される。翌15年には、産業報国会が結成され、その趣旨に沿って桜井木材商業組合は軍需用材の供出を目的とする桜井木材供出組合林友会に改称された。そして同16年に木材統制法が施行される。それは戦争遂行へ向け木材の需給を完全に国家統制におくため、全国の木材業者・製材業者の自由営業を停止し、都道府県単位で諸企業を再編成して、生産・配給を統轄することを狙いとしていた。

　昭和16年12月8日、太平洋戦争が始まると、木材統制法によって、中央に国策会社として日本木材会社、各地方（都道府県）に地方木材会社が設立された。同19年には正式に奈良県地方木材株式会社が発足し、県下の木材業者、製材業者、山林所有者のすべてがこれに吸収統合された。奈良地方木材会社（奈良地木）は社長に北村又左衛門（吉野）、副社長に岡橋清左衛門（橿原）、営業部長に竹田平八（吉野）という陣容であった。裕通は桜井から31歳の若さで登用されると、資材課長などを歴任し手腕を発揮した。酒の飲めない竹田に代わり、奈良・元林院での接待など情報収集に奔走する。これが後年、肝臓を痛める原因になった。

戦争が終わって、裕通はやっと自分の事業に専念できると喜んだが、奈良地木にはまだ１００人近い従業員がいた。岡橋から「君の面倒は一生みるから」と泣きつかれ、事後処理の社長をやるはめになった。

終戦直後のしばらくの間は木材統制が続いた。昭和21年、連合軍最高司令部の命令により木材統制機関は廃止されたが、生産部門における資材割当、統制価格などの統制機能は経済安定本部に引き継がれた。そのような統制機構の中で木材業・製材業の個人営業が認められることになった。桜井では同21年の林業会法の制定によって桜井木材林産組合が組織され、さらに同24年に協同組合法が公布されると、桜井木材協同組合に改組された。製材業の許可、輸送証明、公定価格、割当制などすべての木材統制が撤廃されて、自由な個人営業が認められるようになった。「木材の町」が再びにぎわい、活発になった。

ウラベ木材工業も初めは内地材の杉、桧、地松などを製材していた。やがて建築ブームがやってくると、ビルなどに使うコンクリート用型枠「コンクリートパネル」（コンパネ）が売れるようになってきた。これは国内産の地松の余材を転用でき、メリットが大きかった。従業員は毎晩、本業の製材の仕事を終えてから夜9時～10時まで副収入として請負の形で箱打ち作業をやった。これが飛ぶように売れた。

◇外材インパクト

転機は昭和36年の外材の自由化である。原木の入手難と高騰が常態化してくると、政府は外材輸入の自由化を断行した。そのため安価な外材が本格的に内陸県である奈良県に流入するようになった。ウラベ木材工業も将来を見据え、外材にシフトする。外材は大径木が多く歩留まりが高いため、次第に外材に転換する製材業者が増加してきた。昭和37年の市内製材工場数は118工場に、仕事量を表す単位で見ると馬力数は6382馬力と、5年前の同32年の2・5倍にまで増えた。外材を原料とする製品は多種多様だが、桜井の伝統的な製材技術が外材の製品化の中にうまく組み込まれていったようだ。とくに吉野材の最大の特長は、芯が円心にあり曲がりが少なく年輪幅が均一で色つやが良いという点にあり、1本の木から、柱や板材、外側の背板などを採る。さらに真ん中の赤み、その周りの白味（白太）などの用途によって無駄なく有効利用するために磨いた職人の特殊な木取り技術が外材に生かされたという。歩留まりを良くして原木から製品を無駄なく取りきる技術が桜井では確立されていたということである。

今日の外材8割、国内産2割という国内の状況は、この時にもたらされた。桜井での取り扱い樹種は米杉、米ヒバ、米桧、米松、米栂《つが》、スプルス、北洋材、南洋材と多種多様で、専門の業者（39業者、材積43万6650立方メートル、昭和48年調べ）による工場が分立した。

当時、ウラベ木材工業が主に扱った「ピーラ」と呼ばれる北米産米松は、200～300年生の大径木のことである。加工しやすく、用途は広く建築用材の花形だった。さらに昭和40年代には南洋材のカンボジア松を扱い、長くて質の良いフローリング材が取れた。ベトナム松、カリブ松など南洋材にも国産材にひけをとらない良質のものが入ってきた。これら外材への志向が業績アップにつながったのである。

桜井木材天理団地全景（昭和45年）

◇跡取り息子

卜部は姉が一人、下に妹が3人いる5人きょうだいの長男。男一人の大事な跡取り息子として育った。女性陣の中でもまれたのが、細かい気配りのできる人物に成長する要因になったのかもしれない。少年時代、肝臓を患っていた父親の体に良いというので、近くの川でシジミ取りをした心優しい一面もあった。

県立畝傍高校を卒業すると、相応の成績だったこともあり、本人は東京の大学へ行くことを希望したが、手元に置いておきたい両親に猛反対された。結局、家から通える範囲で同志社大学へ進学することになる。京都まで片道2時間かけて4年間、自宅から通学した。「近鉄と奈良電（現近鉄京都線）を乗り継ぎ、京都駅から市電に乗った」。ただし3年の3学期に1カ月だけ試験勉強のため下鴨の知人宅に下宿したことがある。これが唯一、親元を離れた期間。4年になると大阪回りで「寄り道」して桜井まで帰ることもあったようだ。

新入生の卜部は、当時学生にも人気が広がっていたゴルフクラブに入るつもりでいた。同志社大学ゴルフ部は昭和26年に誕生し、日本の体育会系ゴルフ部の草分け的存在で、最も古いクラブとして有名だった。ところが、勧誘されたクラブ室を訪ねても誰もいない。桜井までの通学時間などを考えるうちに、すっかり入部する気が失せてしまった。この時入部していたら、あるいは学生チャンピオンとして華々しくデビューしていたかもしれない。

ゴルフは好きで、月ヶ瀬カントリーのオープンから常連。30代のころはハンディ10の腕前だった。新婚旅行で訪れた宮崎でもゴルフをやった。キャディとコースを回る後から、ほやほやの新婦が

新婚旅行中の宮崎で（昭和43年）

ついて歩いたという逸話がある。ゴルフは最近まで遠ざかっていたが、先ごろ白内障の手術をしてから「芝目がよく見えるようになった」。周囲もその実力を認めるほどだ。

◇桜井の大火

少年時代に忘れられない体験がある。戦後の奈良県火災史上でも空前の被害を記録した桜井の大火は、昭和30年7月16日に起きた。その時は高校1年生で、夏休みを前にした土曜日の午後だった。卜部は映画を見に出掛けたが、突然サイレンが鳴って映画は中止。半券をもったまま避難した。

「強風下、櫻井で大火　中心街百二十戸を焼き盡す　水利悪くまたたく間に延焼」――。翌17日付の大和タイムス（現奈良新聞）は1面トップで桜井の大火を報じている。

「十六日午後一時四十分ごろ桜井町谷新町付近から出火、おりからの東南の強風にあおられ、そのうえ晴天続きで建物は乾燥し切っていたため火はたちまちにひろがり、午後八時十五分現在一町半四方推

大和タイムス
強風下、櫻井で大火
中心街百二十戸を焼盡す
水利悪くまたたく間に延焼
炎々と燃えひろがる西口通り方面
本社桜井支局も
県の産米集荷予定量
昨年より一万
郡別は今

昭和36年7月に発生した桜井の大火を伝える「大和タイムス（現奈良新聞）」

定百二十戸を焼きつくし、やっと火勢は衰え材木置場の積木が燃えている程度となったが、なお飛び火を警戒している」

記事が伝える様子は生々しい。集中していた材木工場および市中心部、警察署長官舎まで焼け、災害救助法が適用された。被害面積約2万坪、被災額は10億円と推定された。卜部が映画を見に行った桜井シネマも焼け落ちた。このうち被災した材木業者は26人（木協組合員24人）。862・5坪の工場建物を焼失し、4200立方メートルの手持ち素材と製品を焼失した。その中に卜部の家も含まれていた。このときの被災体験と各地からの救援活動が後年、卜部を共同募金助け合い運動のリーダーにした原点だったと言えよう。

◇父の死で、若い社長に

昭和37年、大学卒業と同時に家業に従事した。県内の材木屋には、長男を京阪神や和歌山など他業者へ丁稚《でっち》見習いに出し、「他人の飯を食わせる」ことで跡継ぎを修業させる例もあるが、卜部は家で父親にみっちり仕込まれた。

父親は現場主義であった。跡取り息子に3年間材木を担がせた。フォークリフトやクレーンなどない時代。材木は全て肩で担いで運んだ。卜部は職人と一緒になってトラックに四寸角などの製品を積み込んだ。父は、木の重みを肌身で知ることで商売の基本を覚えさせようとしたのだろう。肩の筋肉は盛り上がってコブになり、そこから毛が生えてきたというから職人並みの力仕事を体験したわけだ。その父

北海道の原生林を視察する父・裕通（昭和48年）

が昭和51年に64歳で亡くなる。肝臓がんだった。卜部は36歳の若さで跡を継ぐことになった。前年に桜井青年会議所の3代目理事長に就任していた。

ちょうど昭和48年から田中角栄首相による日本列島改造ブームが続いており、物価が上がり材木も値上がりした。「製品の値札を毎日張り替えた」という時代である。桜井でも土地投機ブームに乗って北海道の原野を買い占める人が現れた。銀行はいくらでも金を貸し付けた。父親は市内の業者6人で「道六会」と名付けて北海道へ月に4、5回は土地買い付けに出掛けるツアーまで組んでいた。土地会社をつくり銀行取引も増え、借金はたちまちふくれ上がった。そのブームが終わりかけたころに父親が亡くなった。

跡を継いだ若い社長に、不安を覚えた取引相手はたちまち融通手形の解消を申し入れてきた。この資金繰りに相当追われたが、県内で買い込んでいた土地を整理するなどして何とかしのいだ。原木での資金繰りもした。手形を割って時間を稼ぐなどして苦境を乗り切った。

昭和43年に、すでに卜部は宅地建物取引主任者の資格を取得し、同47年にはウラベ商事株式会社を設立、山林・不動産の売買・分譲などの事業を手掛けている。

◇何事も「誠心誠意」

座右の銘は「誠心誠意」。何事もおろそかにしない卜部の生き方に、周囲の人望は厚い。奈良県商工会連合会で副会長だった卜部と同席した久保純一前会長は「実直で誠実な人でした。会議でも筋の通らない意見を述べる人ではなかった」。地元、大和信用金庫の郡山尚理事長は「総代会会長や非常勤理事を務めていただいているが、大らかで包括力がある。安心してお付き合いいただける方です」と卜部の信奉者であることを自認する。

桜井市工業統計（平成24年版）によると、平成22年の市内事業所の製造品出荷額は443億円で、うち三輪素麺など食料品は225億円、繊維工業品44億円、木材・木製品38億円と、木材生産は3位に甘んじており、往時の面影は薄い。それでも「人に優しい」木の文化が必要だと信じて疑わない。

だからであろう、卜部の趣味は木に関わるものが多い。「子どものころから木に親しんできたからでしょうか、木製品が非常に好き」。会社の事務所には、吉野杉の大きな切り株や動物の彫刻が所せましと並ぶ。また植木も好きで、若いころから松やサツキの盆栽を集めて育てていた。今は手入れする時間もあまりないので減らしたが、家には何百という自慢の鉢があった。さらに鮎釣りでは1日に100匹も釣ったというから驚く。まさにプロ級の腕前。「友釣りをしていても隣の人が気の毒になるほど釣るんですわ」と笑い飛ばす。山や木を見る目は、川や魚を見る目も養っているのかもしれない。

木材をふんだんに使った桜井小学校の教室

後継者には次女・眞規子の夫（女婿）素彦を指名している。目下、卜部の若いころと同様に、現場主義をたたき込むため材木担ぎからみっちり仕込んでいるという。

◇まほろばの里

市の商工会長を平成15年から引き受けている。経済人として経験豊富な卜部は、市の各種懇談会などで意見を求められることが多い。数多い役職を兼ねるのも、各界の幅広い意見が聞けるのが強みだ。理想だけの空論は意味がないと肝に銘じ、細かい気配りで場の雰囲気を大事にする。それには若い日に青年会議所活動で鍛えた仲間づくりが役立っているようだ。まず桜井の町を元気にしたい。市のモニュメントを望む桜井駅前北口の正面に、卜部が力を入れている店がある。商工会女性部（林三起子部長）のメンバーが、ボランティアで地元特産品の紹介と販売を行う「まほろばの里　卑弥呼」だ。平成22年3月にオープンし、約60平方メートルの木造平屋建てのアンテナショップは、ロッジ風外観で赤いテントと市のマスコットキャラクター「ひみこちゃん」の看板が目を引く。中には地酒や三輪素麺など特産のお土産品が並び、気軽に休憩できる飲食スペースもある。

ト部は毎日のように店に現れ、スタッフを励まし、売れ具合を聞く。顔を出すと「会長さん、会長さん」と妙齢の女性陣から元気な声が掛かる。

どこにいても現場主義。基本スタンスは変わらない。

（敬称略）

「まほろばの里 卑弥呼」

本稿の執筆にあたり以下の文献を参考にしました。『桜井市史』（昭和54年刊）、『創立五十周年記念誌』（桜井木材協同組合）、『大和百年の歩み・政経編』（大和タイムス社）

小久保 忠弘

（記・２０１４年４月）

撮影　柴田 ヒデヤス

卜部 能尚　ウラベ木材工業代表　　略　歴

昭和14年 9月　奈良県生まれ
昭和37年 3月　同志社大学経済学部卒業
4月　ウラベ木材工業で製材業に従事
昭和47年 7月　ウラベ商事株式会社代表取締役
平成10年 4月　日本赤十字社奈良県支部有功会副会長
平成15年 5月　桜井市国民健康保険運営協議会委員長
5月　桜井商工会会長
6月　大和信用金庫理事
平成17年 6月　桜井警察署友の会会長
平成20年 8月　奈良県共同募金会会長
平成21年 5月　桜井納税協会会長

（公　職）奈良県商工会連合会前副会長、桜井木材協同組合元理事長、奈良県木材協同組合連合会元副会長、奈良県納税貯蓄組合連合会元副会長、近畿警察官友の会奈良県副会長、近畿警察官友の会評議員

（表彰・褒賞）
平成15年11月　黄綬褒章
平成17年10月　厚生労働大臣表彰
平成21年 9月　国税庁長官表彰
平成29年10月　財務大臣表彰

家訓「古壺新酒」＝「伝統の革新」に挑戦する
企業家精神の継承

株式会社 三輪山本
（旧社名 株式会社三輪そうめん山本）
社長・COO 山本《やまもと》 太治《たはる》

撮影　柴田 ヒデヤス

「古壺新酒」額

会社概要

本社所在地
〒633－0072
奈良県桜井市箸中880
TEL：0744-43-6661　FAX：0744-43-6666

創　業	享保2年（1717）
設　立	昭和49年（1974）4月
資本金	4500万円
代表者名	代表取締役会長・CEO　山本 伯子
	代表取締役社長・COO　山本 太治
従業員数	77名
事業内容	手延べ素麺、その他麺類の製麺・製造・販売・飲食
売上高	10億円（平成30年12月期）

大神神社の参道、一の大鳥居から車で10分ほど北に走った「三輪そうめん山本」の本社社屋は、竣工後30年余り経ているにもかかわらず、奈良の仏教建築にも似た大きな甍屋根は古代が息吹くまほろばの大和の詩情に美しく根づき、施主の優れた感性が過不足なく建物の隅々にまで行きわたっている。あたかも山本家が家訓としている俳人高浜虚子の唱えた「古《こ》壺《こ》新酒《しんしゅ》」古い器に新しい息吹を盛り込むことを象徴するかのように。この「伝統を受け継ぎながら常に革新する」という家訓の精神は近代の「三輪そうめん山本」の経営の歴史にも受け継がれている。

◇神の御託宣

三輪の里で手延べ素麺づくりがたけなわの平成26年2月5日午後2時半、桜井市の大神神社拝殿。

「高値」と墨書した紙を神官が厳かに両手で前に掲げ、「祭主、卜定《ぼくじょう》の結果が出ました。平成25年度産手延べ素麺・誉《ほまれ》は高値のご神託でございます」と、全国から参列した素麺・麺類業者や関係者50人余に告げた。

平成17年度産卜定以来の「高値」の神定に、参列者の一人、「三輪そうめん山本」代表取締役社長で8代目山本太治は、「アベノミクスを神様はよくご存知ですね。ここ3年続けて〈安値〉で、8年ぶりの〈高値〉だったのですから」と、御神託に満足気に恵比寿顔の丸い大きな体躯で拝礼した。

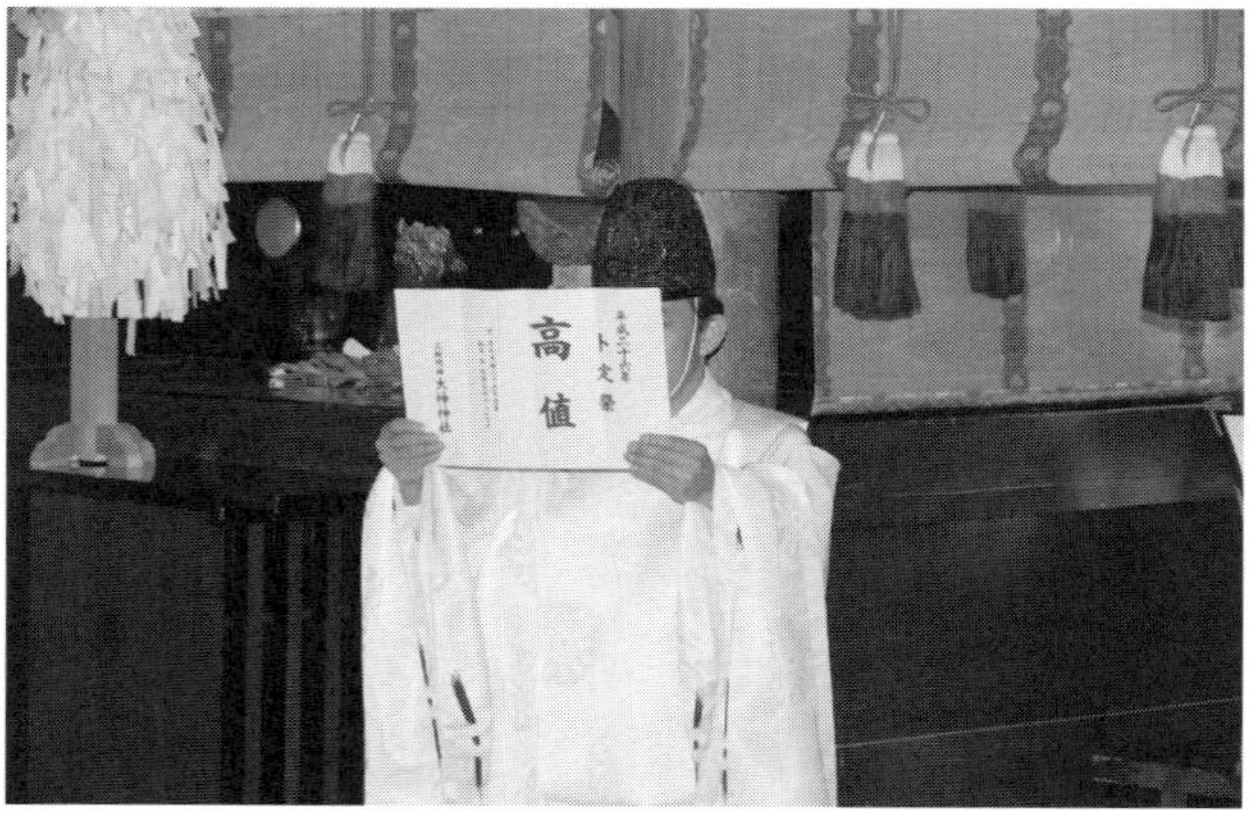

大神神社卜定祭（平成26年2月5日）

この卜定祭は、寒期に製造される三輪素麺の卸相場を大神神社の神職が占う業界の重要な伝統行事。毎年2月5日が卜定（相場占い）の神事で、三輪素麺を製麺する製造家を束ねる三輪素麺工業協同組合と販売する問屋の三輪素麺販売協議会で設定した「高値」「中値」「安値」の3種の卸相場価格を大神神社の神官が拝殿で占い、その年の相場価格が3種のみくじの中から引き当て決定される。

標準となる銘柄「誉」に卜定の前にあらかじめつけられた今年の「高値」は18キロ入り1万1千円。「高値」の卜定があったのは平成17年度産を占った平成18年2月以来のことだから、景気は占いの世界でも8年ぶりに上向いたことになる。

◇三輪の手延べ素麺づくりと山本家

三輪の郷で手延べ素麺がはじめてつくられたのはおよそ1200年前大陸より小麦栽培・製粉技術と共に手延べ素麺づくりが伝わったのが原点で、大和地方が飢饉に見舞われた時、大物主命《おおものぬしのみこと》の後裔で大神神社の宮司大神朝臣狭井久佐《おおみわのあそんさいくさ》の次男穀主《たねぬし》が、三輪の里の地味が小麦の栽培に適しているのを知り、種を蒔かせその小麦を原料にして手延べ素麺をつくり、地域の産業を発展させようとして、中国伝来の技をこの地の人々に奨励したことによるという。水車製粉にも適した纏向川・初瀬川の水、小麦の生育に適した地味、冬の乾燥した清潔な空気は手延べ素麺づくりに大変適しており農閑期に盛んにつくられるようになった。室町時代には大和の社寺や豪族の贈答品や暑気払いの食べ物としても大変珍重されたという。

山本家は代々手延べ素麺づくりの技を伝承する旧家で、室町時代には「そうめん座」をつかさどったといわれる。その山本家の惣兵衛が手延べ素麺を諸国に売り歩いたのが享保2年（1717）で、お伊

「日本山海名物図絵」での大和三輪素麺の紹介

勢参りや大神神社の参拝客の道中の食べ物や土産として全国的にも評判を呼ぶようになった。山本家の住まいは昔も今も卑弥呼の墓の伝説のある宮内庁管理の前方後円墳、箸墓《はしはか》古墳と道を挟んだ東にある。近隣の家の井戸はアカ水（鉄分を多く含む水）が多いのだが、山本家はアカのない軟水で、手延べ素麺づくりに適しているという。この水の良さが、惣兵衛がつくる手延べ素麺の評判を呼んだのであろう。山本家は惣兵衛を「三輪そうめん山本」の中興の祖であるとしている。

箸墓古墳全景

また江戸時代、全国の庶民が三輪詣でや伊勢詣でのため三輪の郷を往来、やがて三輪の手延べ素麺の技法は全国に広がり、農閑期の作物として播州や小豆島、ひいては秋田県の稲庭や長崎県島原にも技法が伝播したことから、先の卜定祭にも各地の関係者が毎年参列している。

三輪の人たちも天秤を担いで京や堺などに売りに行き、手延べ素麺づくりに必要な塩などと交換していた。江戸時代に三輪詣でや伊勢詣でという信者の大きな流れを商いの全国展開への踏み出しとみた惣兵衛の商法は、社寺の多い奈良の現在の企業家精神に暗示を与えている。

太治は、子供のころは祖父母両親と一緒に住みながらも経営の一線で指揮する父・太一よりも、隠居した祖父・太三郎の育て方を感慨深く語る。

「祖父は大神神社の信徒総代でもあり、朝夕に家の神棚に拝礼。それから我が家の一日が始まった。私は、跡取りとして生れたわけだが、祖父から『おまえは跡取りだから』と口にして特別な教育を受けたことはない。ただ、昭和3年には「三輪そうめん山本」が宮内省御用（後の宮内庁御用達）になったこともあり、プライドを強く持っていた。

　そのため子供の私を、当社の取引のある大阪のデパートや奈良の老舗料理屋、伊勢詣でなど神仏詣でにもよく連れて行ってくれました。

　また、私が買い物をする時には、『同じ買うなら、安いものを買わず、長く使える良い物を買え』と教えてくれました」

　老舗の跡取りの教育は、やがて主人として奉公人の上に立つ時、奉公人や取引先から後ろ指をさされることの無いよう、しつけや素養を身につけることが必要だが、そのために跡取りの子供には一流の人、一流の店、一流のものを記憶させることを老舗の隠居は心がける。6代目・祖父太三郎は老舗の隠居の掟を守ったのであろう。

◇品質第一と堅実経営の6代目太三郎

　明治29年生れの祖父は18歳で跡を継ぎ6代目となり、伝統を守る家業意識を持ちながらも「三輪そうめん山本」の発展の基礎を築いていく。

　大正初年のこと、百貨店として営業を始めたばかりの東京日本橋・三越と食品として初めて取引することになった。ところが、三越は越後屋時代から初めての取引先については、問題がないか興信所に調べさせる慣習になっており、「三輪そうめん山本」にも興信所の調査が入ったことを知った6代目は長年築いてきた暖簾への信頼を傷つけるものだと激怒、三越に今後取引をしないと伝えた。老舗の主人の「のれん」と「商品」への自信と誇りである。三越側の幹部が詫びに訪れたため、取引は中止されることはなかったが、三越にとっては遠方に

宮内省献上品の前に6代目太三郎

ある初の店との取引であるだけに、興信所の調査は当然のことと思っていたのだろう。老舗どうしの信用のぶつかり合いを語る逸話である。

この三越との取引が契機で、三輪素麺は大消費地・東京でも大いに知られるようになり、冷麦になじんできた関東人に、お中元贈答品や気の張った遣い物として用いられるようになっていく。6代目の百貨店への販路開拓が、後に太治が「三輪そうめん山本」に入社してからの修業に役立って行く。

太治が子供のころは、まだ住み込みの店員もいる職住一体の暮らしだったので、夏の繁忙期には母・節子も店員と共に一日忙しく働く姿を見ている。節子は大阪大学文学部在学時代、著名な万葉学者・犬養孝教授のゼミで万葉の古歌を熱心に学ぶ学生で、万葉の地に憧れての結婚だった。

「三輪山を しかも隠すか 雲だにも情《こころ》あらなも 隠さふべしや」

(額田王《ぬかたのおおきみ》 巻1―18)

万葉の古歌に触れるにふさわしい山本家に嫁いだ翌年の昭和32年7月31日、山本太治は誕生した。

山本太治が父を語る時、「父」とは言わず、必ず「先代」と言う。300年の伝統ある老舗の主人の自覚のなせるわざであろうか。

堅実な経営者祖父・太三郎は手延べ素麺の品質を何よりも重視した。「三輪そうめん山本」の手延べ素麺は常に時代の最高の品質であることを求めた。そのためには、材料の小麦粉も塩も綿実油も吟味されたものでなければならなかった。戦時中から敗戦後まで、手延べ素麺は政府の方針で、材料の小麦粉や塩の仕入れや売り渡しが統制による配給制となり、優秀な職人が招集され、材料の吟味ができなくなって、品質が低下していった。このまま統制された原材料を使っていたら、「三輪そうめん山本」の手延べ素麺の信用を傷つける商品になると、手延べ素麺づくりから10年間手を引くという、思い切った手を打ったのである。その結果一時は機械製素麺が市場を占領、高級食品だった手延べ素麺は米の代用品に落ちてしまった。

戦後、統制がなくなり再開された6代目の手延べ素麺づくりは、従来からの良い品質を取り戻して大衆に高級食品のイメージを再び植え付けることから始まった。良質な小麦粉づくりのために現在の美智子皇后の父・正田英三郎経営の日清製粉と合弁の製粉会社を地元に設立、その縁から正田英三郎夫妻も後には「三輪そうめん山本」を訪れ、太治の結婚式には美智子皇后の弟で当時の日清製粉株式会社の社長正田修も夫妻で出席している。

◇夢を追った先代7代目太一

6代目のこうした伝統を強く意識した「家業」経営に、飽き足らない先代・太一が社長に就いたのは昭和39年、東京オリンピックの年である。我が国は高度成長の真最中である。同時に古希（70歳）を迎えた6代目は隠居した。先代7代目は33歳の若さ、時代の勢いに乗って思いきった経営の革新を拓くには充分であった。

社長に就いた頃、日本航空の国際線にジャンボジェット機が運航を開始、日本帰国便の国際線機内食に麺類を持ち込めないかという相談があった。海外で過ごした後、長時間狭い機内で動かずに過ごす日本人旅行客には、和の食味が欲しくなるからだ。難しいのは、高空を飛ぶ機内は気圧が低くなり、味覚が鈍くなることと、麺類は時間が経てば腰が無くなることであった。

7代目太一

目に鮮やかで少々抹茶の苦みを持つ茶そばを伸びにくい工夫をして、麺つゆの味を少々濃い目にすれば、機内でも充分麺類が楽しめることが判り、機内食に初めて採用されるようになった。当初国際線機内食は、茶そばが多かったが、現在は手延べ素麺も多く採用され、外国の食に飽きて帰国する日本人や来訪する外国人にも大変喜ばれているという。

先代は手延べ素麺の販売先の開拓だけでなく、保守的な業界の雰囲気から抜け出すように広報戦略にも大変力を入れ、手延べ素麺の「イメージ」の売り込みに積極的だった。

昭和50年代テレビコマーシャルを中元商戦の時期に次々と打ち、それまで石鹸や洋酒が主流だった中元商品に肩を並べて手延べ素麺も加わるようになり、関東・関西を中心に全国的にブームを呼んだ。手延べ素麺は1年を通して七夕とも重なる中元贈答時期に最もよく売れることと、古来より七夕に素麺を食べると瘧《おこり》（＝熱病）にかからないという故事に倣って、百貨店の販売促進にミス七夕を全国から募集し、七夕娘として販促キャンペーンを行った。また、外国旅行がまだまだ珍しい時代に日本航空ともタイアップして、七夕娘入賞者を慰労のためシンガポールに招待、巧みに話題づくりを展開して行った。ある年、「売れすぎて『三輪そうめん山本』の商品が品切れになりました、みなさまにご迷惑をおかけしています」と、私鉄や地下鉄の車内で「お詫び広告」をうつ奇策があたり、その翌年はギフト商品のトップに手延べ素麺が躍り出るきっかけともなった。6代目の好んだ家訓「古壺新酒」の実践である。

七夕娘キャンペーンでの店頭販促

「先代は子供のころから美的感性に優れ、書やデッサンも上手だった。全国の老舗の美に関わる多くの職人たちを育てた京都工芸繊維大学に進み、工芸意匠を学んだのも、6代目がその才能を見抜いてのことだろう。デッサンに優れ、書も上手だった。商品開発のセンスはこの時磨かれたのだろう。『白龍』『白髪』といった『三輪そうめん山本』の最高の手延べ素麺の商標デザインも先代が手がけている」と、太治は父に畏敬を寄せる。

太一が昭和27年大学を卒業すると、芸術的商品とも言える手延べ素麺の製造の再開間もない家業「山本太三郎商店」で、業界のリーダー役でもある6代目の下で鍛えられることになった。職人たちの古くからの口伝による素麺づくりを先代・太一は学んでいった、「三輪山の雲の動きを読んで水や塩の加減をしろ」といった現場の勘による仕事を身につけながら。しかしこうした家業的な6代目の采配に限界を感じさせる事態が先代の社長就任後間もなく起きた、大福帳簿経営に対する国税庁の警告である。「山本太三郎商店」という家業経営の老舗の殻を抜け、近代的な経理システムによる「株式会社三輪そうめん山本」が誕生したのは世の中が石油ショックによる大不況、高度経済成長政策の転換が始まった昭和49年のことである。

「京の着倒れ 大坂の食い倒れ 大和の建て（普請）倒れ」京都・大阪・奈良の趣味の風土を比較する言

本社社屋外観

葉である。

先代・太一は天性夢を追う人であった。その先代の夢と才能の開花の象徴が、新本社の社屋建設である。息子・太治は三輪の地を離れ、名古屋・名城大学に入学したばかりの昭和53年3月、大神神社・三輪山・山辺の道・箸墓を前景に、後景には天香久山・畝傍山・耳成山の大和三山が控える5千坪（1万6500平方メートル）の敷地で工事は始まった。先代の新社屋への思いは、ひととおりではなかった。工事を担当した竹中工務店との建設委員会は90回も開かれ、施主である先代・太一は会議に臨みデザイン・機能に次々と厳しい注文をつけ手延べ素麺の熟成を待つかのように幾度となく手直しを求めて行った。いわば太一は「普請道楽」でもあったとも言える。

新社屋の建設記録映画「まほろばに築く」からは先代・太一の思いが詩のように伝わる。

〈鉄骨母屋の曲げを利用して三輪山の稜線を模した起《むく》りのある大屋根
変化の激しい気象条件から守る大壁
三輪の気象条件から外壁を守る深い庇《ひさし》
あたかも三輪山の大地から這い上がるかのように見える聚楽《じゅらく》壁
素麺のイメージを高める柱や古代紫の色にどっしりと大地に張り付いた安定感のある大屋根とともに建物に温かい雰囲気をもたらし訪れる人々に自然に寄りつけるように親しみをもたせた〉

三輪山を借景にした「まほろば」の歴史的風土に溶け込んだ寺院のような新社屋は息子・太治の在学中の昭和55年7月完成、デザイン・設計を担当した竹中工務店設計課長・狩野忠正《かのうただまさ》はこの本社設計が認められ、建築の芥川賞とも言える「吉田五十八賞」を翌年受賞。狩野は「私のデザインは、施主との密接なコミュニケーションによるもので、あの建物は先代・山本太一社長との合作」と、いま謙虚に語る。ちなみに狩野は川西市清和台のニュータウンのスーパーの設計を担当、瓦屋根の寺院建築様式の店がやがて鎮守の杜のように育つようにしたデザインが評価されたことに自信を得て、新社屋の設計コンペに臨んだという。
この新社屋の完成で「三輪そうめん山本」の革新は進み、発展の契機をつかんだ。

BELCA賞

通産省選定
グッドデザイン賞

建築業協会賞

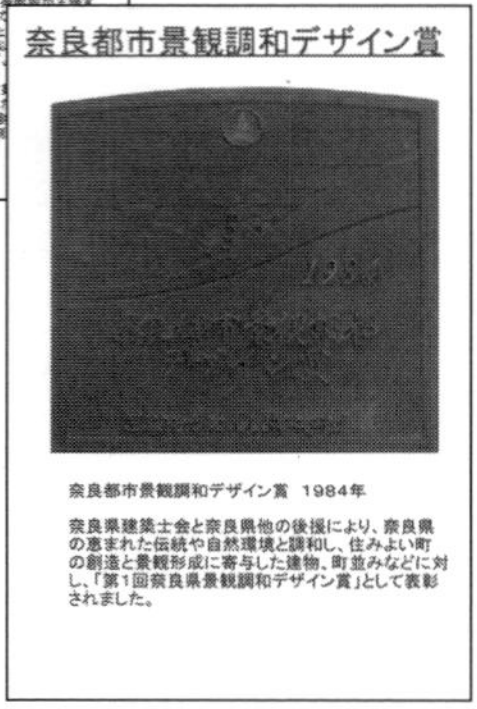

奈良都市景観調和デザイン賞

◇8代目太治の修業時代

新社屋完成の翌年昭和56年名城大学を卒業した太治は、取引先で亡き母の郷でもある西宮市に本社のある食品問屋、加藤産業に「跡継ぎはまず他人の飯を食ってから」という老舗の掟に従って父の勧めで就職。大学時代に資格をとった大型二種運転免許も持っていたため、名古屋支店で倉庫の管理と商品配送を担当した。

加藤産業名古屋支店では、事務所2階の4畳半に二人住まいの独身寮で早朝から夜遅くまで2年間社会人の心得をみっちりと鍛えさせられた。

2年間の修業を済ませた太治は、昭和58年春、父に「三輪そうめん山本」に呼び寄せられ、「将来はおまえが社長だ」とは言われなかったが、いよいよ後継者の道を歩むことになる。

加藤産業の退職と共に、名古屋の大学生時代以来交際してきた愛知県立芸術大学でピアノを専攻した伯子《のりこ》を、多忙な仕事の中で心をやすめてくれる伴侶とすることを決め結婚した。仲人は加藤産業社長・加藤武雄であった。

結婚したてで大都会の取引先に鍛えられ大きな視野を持つことを望んだ先代は太治に当初東京支店勤務を命じた。しかも、主な担当は先々代6代目以来因縁の取引先・三越、当時全国の百貨店の中でも最も格式があり難しい取引先であった。休店もほかの百貨店が水曜日や木曜日というのに三越だけが別格の月曜日という店の格式の高さを誇っていた。

太治は客に目立つ良い売り場と要望に応じられるだけの商品の確保に奔走した。入社年次や派閥というサラリーマン社会特有の情報に神経を使いながら、百貨店の仕入れ部門や外商部門、売り場を毎日のように見て回った。ある年、中元商戦のさなかに東京支店の商品の在庫が足りないことがわかり、本社から供給が間に合わないとわかった時、自ら大型トラックに便乗、徹夜で往復して商品を輸送することもあった。休店曜日の違う百貨店業界の商品の納入にあわせるため、太治の休日は殆ど奪われた。しかし、奈良の本社の経営を大都会のビジネスの修羅場で見たことは若い太治に先代の采配を知る絶好の機会でもあった。

このころ、東京の百貨店営業を通して、客の好みが絶えず変わることを肌身で知り、祖父6代目のこだわった伝承の手延べ素麺づくりだけでは、素麺業界に将来の不安があることを感じ取った。

2年間東京で鍛えられた27歳の太治は昭和60年、本社の父の下、経営開発本部で広報や商品開発に配属され、父の采配を毎日見ながら、奈良の企業風土しか知らない父の経営に少しずつ違和感を覚えて行った。父は高度経済成長の波に乗ったまま積極的な拡大経営に「夢」を追い続けているようにみえた。太治の仲人・加藤武雄の目にも太一の経営は「派手」だった。

父の指示で旧本社の隣接地に製麺技術研究所を立ち上げ、「三輪山の雲の動きを読んで水や塩の加減をしろ」といった伝承の技を近代的なマニュアルに置き換え、全国的な地方博覧会ブームで奈良シルクロード博覧会にチルド調理済み麺の飲食ブースを出店した。

我が国のバブル経済の破綻が始まる平成元年、父は神田のビルに間借りしていた東京支店を、自社用地を求めて移転計画し千葉県船橋市に土地を取得し支店建築を計画。太治に移転推進のため再び東京支店勤務を命じた。父は、東京の交通事情を知らないうえ、まだバブル経済時の土地バブルの神話を信じているようで、この移転に太治は懐疑的であった。それだけでない、父はリニア新幹線を見越して学研都市「ならやま研究パーク」の土地まで奈良県から購入、手延べ素麺が本業の太治に不安を募らせた。

東京支店の船橋への移転を済ませた2年後の平成3年、本社の経営開発本部へ戻った頃には、社長である父の経営方針と意見が様々な場面で食い違うようになっていた。太治はいつも本業の手延べ素麺の商いを現場目線で考えていたが、様々な試みを父は時期尚早だというように思っていた。

職住同じくしていた父と太治の間に立って仲介をしてくれた祖母が平成4年夏亡くなると、父子の齟齬は決定的になった。「船頭は二人はいらない」。後継者と目されていたが、太治は退職を決意、妻・伯子に打ち明けると、3人の子育てとお腹に4人目を宿して家庭を一身で守ってきた伯子は反対の顔を見せなかった。「素麺づくりは夫婦仲が悪いと麺はそろわない」という業界の言い伝えもあり、幼少時期ある意味甘やかされて育った太治には、世間の常識を踏まえて様々な場面で先を見通したように的確な助言やアイデアをくれるかけがえのない伯子をはじめ家族を大切にしてきた。

人生の再出発の地には当然のように妻の実家・福島県いわき市を選び、アパートを借りて、平成4年9月家族は静かに引っ越した。太治は、大学時代に取得した大型車の運転免許を活かし、まず運送会社でハンドルを握りながら当面の生活費を稼ぎ、いつか食品会社を興して身を立てることを考えた。

後の話しだが、伯子は福島県いわき市出身、平成23年3月11日東日本大震災のまさに前日10年ぶりに実家に帰っている時に恐怖を体験したが、夫である太治の数々の機転により二日後には三輪に戻ることができた。

奈良の私立学校・東大寺学園で中学・高校時代を過ごした太治は優れた人材を友人とする機会に恵まれた。その中の一人は医師となり、父・太一が病に倒れた時に偶然診察し、父に離反して退社し、妻の実家の地で働いていた太治に、「親父さんは脳腫瘍だ、命はそんなに長くない」と伝え、太治の人生を奈良に引き戻させる。

父との葛藤があっても、家業存亡の危機、太治が船頭になるほかないことは、老舗存続の掟であった。

◇「全員がバッターボックスに」＝8代目社長の試練と挑戦

もはや話すこともままならない父から、引き継ぎは期待できなくなった。大不況の進む平成6年2月父を喪うと、ただちに「三輪そうめん山本」・8代目社長に就いた太治は、バブル経済時代の土地神話に乗った投資の整理に手をつけることが急務だった。特に学研都市「ならやま研究パーク」の土地は奈良県からの購入の条件に早期利用を義務付けられており、やむを得ず「麺ゆう館」という手延べ素麺づくりの体験・学習施設を設けることでしのいだ。

平成7年親しい友人の勧めで若い経営者たちの集まりＹＰＯ（Young President Organization）の会員となり、サントリーホールディングス佐治信忠をはじめ、多くの優れた経営者と人脈を築くことができるようになった。様々な先輩から薫陶を受けた中でも「経営者は夢を持て」の言葉に、とかく不況下で気持ちも委縮しがちだった太治は励まされた。

本社売店

不況の進展とインターネットの発展で手延べ素麺の

販売市場が大きく変わりつつあることを感じ取った太治は、消費者が百貨店にわざわざ買い物に行くよりも、自宅で手軽に購入できるネットによる通信販売に目を向け始めたのである。全盛期の百貨店の中元商戦だけに頼っていては、いずれ手延べ素麺市場は壁に当たる、そう判断した若きトップはネット販売への参入を決断、いち早くインターネットホームページを立ち上げ商品購入も出来るようにすると共に、Eメールを活用して社内をネットワーク化した。

従来より販売していた通常の手延べ素麺に加えて、核家族時代に手軽に電子レンジ調理でも食べられる簡単調理麺「NEW麺」シリーズを開発したのも、大消費地・東京勤務時代、客の好みの激しい変化を直接知ったことによるものであった。伝承の魅力ある食味に、少しずつ時代の変化を反映させることこそ家訓の「古壺新酒」の真骨頂だと太治は信じた。

社長業にも漸く自信のついた平成14年思いがけない問題が発生した。長年原料や捏《こ》ね水を三輪から送り長崎県島原で技術指導しながら製麺委託し販売してきた手延べ素麺の一部について、農林水産省が日本農林規格を根拠に、当該商品の三輪素麺の表示を改めるように改善を勧告したのである。マスコミに大きく報道され三輪素麺をうたってきた「三輪そうめん山本」のブランドイメージを危機に追い込んだ。

これを契機に、伝承の「三輪素麺」だけでなく「三輪そうめん山本」そのものの商品のブランドイメージを再構築する新商品の開発の必要を痛感していた丁度その折、いま人気のブランド「恋そうめん」が誕生した。父・太一の代から親交があり麺好きの落語家・桂米朝が「素麺をネタにした上方落語は一つしかない」ということで、これを機会に肝いりで古典風の落語「恋そうめん」を新たに作ってくれ、平成15年特別に本社に組んだ高座で桂米朝の落語と共に、亡き桂吉朝に初演ネタおろしをしてもらった。客に紅白の素麺をハート形に結んで土産に配ると、ネーミングのよさもあって大好評。後にはバレンタインやホワイトデー・結婚式場の需要なども掘り起こす商品となった。すでに「NEW麺」の開発を手掛けた太治には、開発の勘どころをつかむきっかけでもあった。

さらに、従来から看板商品として販売していた「白龍」「白髪」で、世界の優秀な食品に与えられる「モンドセレクション」に応募し、最高金賞や国際優秀品質賞など各部門の賞を平成21年から連続して受賞、「三輪そうめん山本」のブランドイメージを確かなものにした。

2014年モンドセレクション
国際優秀品質賞受賞

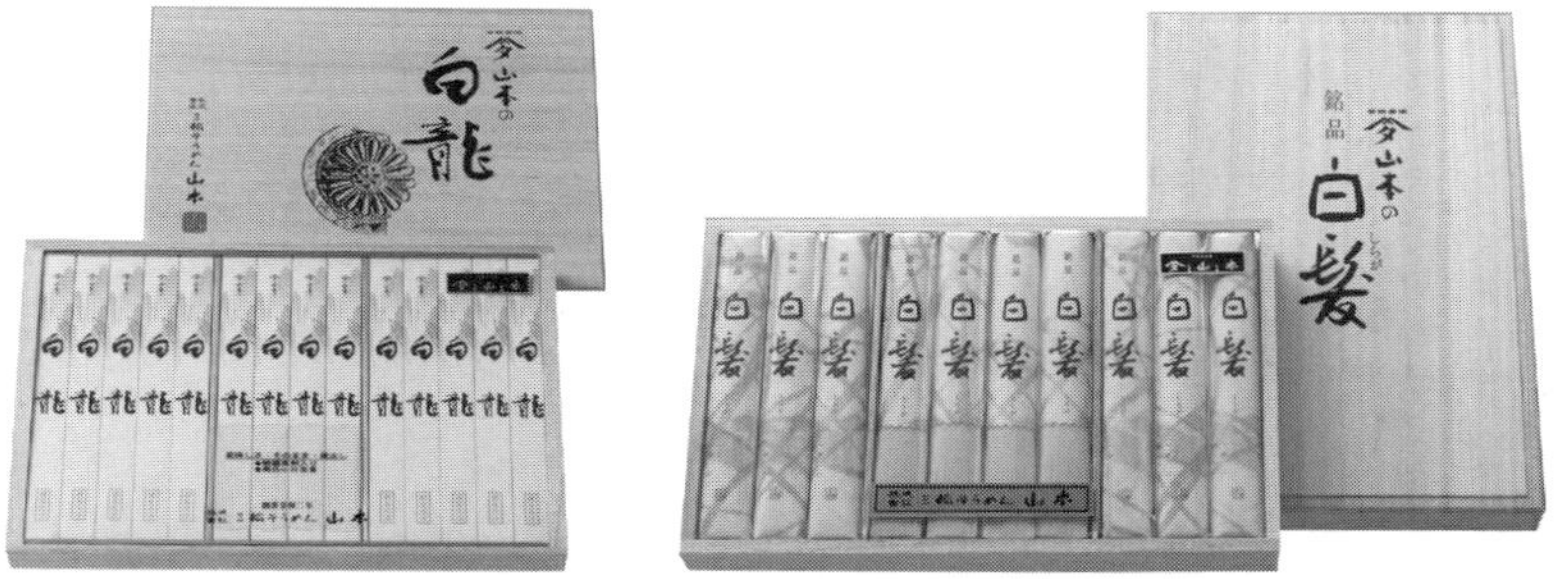

代表ブランドの「白龍」と「白髪」

贈答品に使われることの多い手延べ素麺は、贈り手・受取り手双方を満足させることが必要で、中身の品質だけでなくパッケージの細部まで拘る必要がある。

長年懸案だった「麺ゆう館」を奈良市内の「ならやま研究パーク」から本社に移したのも、本社の売り場に素麺づくり担当であっても全社員が販売員として売り場に立つようにしたのも、客の反応を社員が直接感じ取ることを求めたからである。

大きな体の背筋を伸ばし恵比寿顔の頬を紅潮させながら太治は明言する。「公私共に様々な困難に面した時期もありました

「麺ゆう館」での手づくり体験

見学者に説明する山本社長

が、今あるのは従業員や妻伯子をはじめとした家族と共に、弊社の商品をいつもご愛顧いただいているお客様のお陰です」。

「全員がバッターボックスに立て」、8代目の不況対策の経営理念はこれに尽きる。奈良の企業風土「大仏商法」に異を唱え、老舗の「古壺」に、「新酒」を注ぐ苦闘が今もなお続けられている。

（敬称略）

大塚 融
（記・2014年7月）

■編集部註

株式会社三輪そうめん山本は、平成29年創業300年を機に社名を「株式会社三輪山本」に刷新、また山本太治氏は、平成31年4月代表取締役社長・COOに就任しましたが、本編本文では取材時の社名および役職名をそのまま使用しています。

撮影　柴田 ヒデヤス

山本 太治　株式会社 三輪山本社長・COO　　略　歴

昭和32年　7月　奈良県生まれ
昭和51年　3月　東大寺学園中・高等学校卒業
昭和56年　3月　名城大学商学部卒業
　　　　　4月　加藤産業株式会社入社
昭和58年　4月　株式会社三輪そうめん山本入社
平成　5年10月　同社取締役
平成　6年　2月　同社代表取締役社長
平成29年　1月　株式会社三輪山本代表取締役社長（創業300年を機に社名変更）
平成31年　4月　同社代表取締役社長・COO

（公　　職）奈良県経済産業協会理事、（公財）元興寺文化財研究所理事、（公財）辻静雄食文化財団理事、関西ニュービジネス協議会理事、社会福祉法人飛鳥学院評議員、奈良経済同友会特別幹事 他

現場第一主義が顧客サービスの徹底を生む
大和の社寺を愛する理想の経済人と評されて

奈良トヨタ自動車株式会社
社長　菊池《きくち》 攻《おさむ》

撮影　朝山 信郎

本社

会社概要

本社所在地
〒636−0226
奈良県磯城郡田原本町唐古296番地
TEL：0744-32-8001　FAX：0744-32-7918

設立	昭和17年（1942）10月
資本金	8000万円
代表者名	代表取締役社長　菊池 攻
従業員数	293名（グループ総計673名）（平成31年2月現在）
事業内容	新車及び中古車の販売と点検整備、保険代理業
売上高	グループ総計298億1925万円（平成30年3月期）
グループ会社	トヨタカローラ奈良㈱、㈱トヨタレンタリース奈良、トヨタL&F奈良㈱、㈱奈良トヨタサービスセンター

あるエッセイストのインタビューで「大和の経済人で理想の姿」（安田暎胤薬師寺長老夫人・安田順恵）と評された菊池攻。経営者としての業績だけではない。「大和」の歴史的風土に向き合い、真摯な探究者ともなった軌跡がそう語らしめたに違いない。33歳と若くして社長に就任して23年、何よりも顧客第一主義を貫き、社会のニーズに敏感に反応する姿勢は、いまの自動車業界の課題である車検から保険まで一貫して担う「保有ビジネスへの転換」という戦略にも挑んでいる。全国でも5本の指に入る優秀ディーラーを11年連続で受賞した経営者の実力がどこにあるのか、「大和の経済人で理想の姿」の実像に迫った。

◇33歳で社長就任——顧客第一主義を徹底

奈良県田原本町唐古の本社に入ると、2階には薬師寺の薬師如来像、興福寺の阿修羅像、秋篠寺の伎芸天立像などの仏像を写した「奈良大和路」のポスターが廊下に展示されている。毎年作品を1点ずつ増やしており、いまでは17点を数える。社長室には大和の神社仏閣の縁起物やお守り札が飾られている。奈良トヨタ自動車創業者の菊池武三郎、2代目社長の菊池久武の写真とともに、3度講演に招かれた冒険家の三浦雄一郎の写真も。

これらだけにとどまらない。社長室はその人となり、経営者の軌跡をおのずと語るといわれるが、菊池が厄年42歳の年にアフリカ大陸の最高峰キリマンジャロを踏破した写真や、主要スポンサーでもある奈良マラソンに3年連続挑戦し、10キロコースを走る姿をとらえた写真もある。心身を鍛えることにやぶさかではない、

創業者 菊池 武三郎

2代目社長 菊池 久武

奈良マラソンに挑戦

もう一つの菊池の顔がここにある。

菊池が奈良トヨタ自動車3代目社長に就任したのが、平成4年（1992）、33歳のときだ。生まれ育ちは東京で、父は東京文理科大学（現筑波大）を卒業後、国文学の大家小西甚一の薫陶を受けた。主に高校生向きの学習参考書を刊行する出版社洛陽社を起こした。菊池は当然のように文学に親しむ青年時代を送り、上智大学で国文学を専攻する。いまも若者に人気の太宰治の研究に向かわせた。卒論は「太宰治の女性観」。

ここで青白い文学青年を思い浮かべると大間違いだ。菊池は水泳部に入り水泳漬けの毎日を送ったのだ。新聞記者希望であったという。それも小学校の卒業文集で「新聞記者として世界を駆け巡りたい」と記していたから、行動的なのは天性とみていい。これが経営者として生かされてくる。

奈良トヨタ自動車2代目社長久武の長女久枝と知り合い結婚することでトヨタ自動車との縁が生まれ、奈良トヨタ自動車に入社した。3年間のトヨタ自動車本社での勤務、さらに販売では全国の模範店となっていた岐阜トヨタに2年間勤務。その後、奈良トヨタ自動車に移った。久武社長が急逝したことで副社長をへて3代目社長としてバトンタッチされた。

33歳の若き社長が乗り出したのは販売での意識改革だった。「奈良の小売業全体の問題でもありましたが、ぼちぼちやればいけるという大仏商法がまだ社内に残っていました。職域である他府県で車を購入する方が奈良県のトヨタのユーザーの中で20パーセント近くありました。その克服に全力を注ぐよう努力しました」。

菊池がとった方法は、サービス、メンテナンスの充実だった。「新車販売では値段に主眼をおいた競争が激化しがちですが、その競争に巻き込まれないようにすることでした」と語る。つまり販売競争だけなら新車が売れることが最大の目標になるが、この弊害が実は新車購入台数の他府県からの流入を招く一因でもあった。トヨタ自動車本社、岐阜トヨタでの販売経験から菊池はその弊害を見抜いていた。

当時、営業マンは地元のモータースに新車を売り、そのモータースが管理するというスタイルが一般的だった。地元奈良で新車購入を高めるためには、顧客への満足いくサービス、メンテナンスの充実が生命線なのだ。「売りっぱなしではなくメンテナンスを充実することでユーザーとのコミュニケーションを深めた」という菊池。新車販売第一主義ではなく顧客第一主義が徹底されていく。

「奈良トヨタでの直販増加で、大阪などでの職域購入が20パーセントの数字が逆転しました。というのは、地元で車の購入からメンテナンスまで一貫した攻めの姿勢が県内にとどまらず県外までにも及んだ結果です」

◇11年連続受賞――トヨタ自動車総合表彰

奈良は大阪のベッドタウンとして人口が急増してきた。単に寝に帰るだけの生活スタイルだと職域での付き合いが主流となる。すると、車も奈良ではなく職域で購入することになりがちだ。克服するためには奈良で車を買い求める利点を示すことしかない。それがサービスの徹底、メンテナンスの充実だった。

菊池が社長就任時のころはバブル崩壊の時期だ。「失われた10年」といわれた1990年代中盤から2000年代中盤の景気の落ち込みに突入する。この経済の難局にあっても、「大阪などでの職域販売に流出していた台数を当県内のテリトリー販売重視により営業が伸びていましたのでマイナス分をカバーできました」というから、顧客第一主義がいかに徹底されたかを物語る。

その成果を発揮するのが、現場主義。現場での日々の改善を積み重ねていく努力だ。店長、所長クラス、中間管理職が指揮官としての能力を高めることがカギを握る。現場で問題を解決することは、社員間の信頼感を得る「産物」を生むことにもなった。

さらに菊池の現場主義は毎週末イベント時の日課ともいえる県内の30店舗の訪問だ。朝礼で奈良トヨタグループが目指す方針、課題を各店舗の社員に直接伝えているとだ。販売のもう一つの課題である顧客主義を充実させるためには、「私と社員が一体となり全力で取組む必要があります」という菊池の思いである基本方針をどう徹底するかにある。週末ごとの県内店舗の訪問は、菊池の経営方針を徹底させる意味で極めて重要なのだ。現場に赴きお客さんが何を求めているのか、何が人気なのかを直接皮膚感覚で知ることになる。現場主義と顧客主義を貫くためにたどり着いたのが、県内各店舗訪問といえる。

現場での朝礼

社長就任から4年目になる平成7年（1995）に総合表彰を獲得した。それも以降11年間連続の受賞という偉業を達成した。総合表彰とは都道府県の年度単位でトヨタ車販売台数、サービス、点検、CS（お客様満足度）を総合的に判断して全国で五つのカーディーラーが選ばれる。

しかも社長就任から4年間の助走期間があって到達したというのではない。社長就任の翌年から2年間、準総合表彰を受けているのだから、県内店舗を週末ごとに訪れ朝礼し、顧客動向をこの目でみるという菊池の顧客第一主義、現場主義がいかに徹底されたかを示す。無論、ハイブリッド車PRIUSが97年に発売されて人気を集めたことも追い風になったが、しかし、それは全国のディーラーは条件が同じである。ハイブリッド車旋風だけを主因にあげることはできない。奈良でのトヨタ自動車占有率は以降、トップクラスを走り続けている。平成14年（2002）にはオールトヨタでは愛知、岐阜に次いでトヨタ車占有率が46・5パーセントを占めた。

古都奈良の環境保全は厳しい。景観保存への県民の目は厳しいものがある。環境問題、早くからハイブリッド車開発に乗り出したトヨタ自動車の成果が奈良でも実を結んだともいえる。「環境保全に厳しい奈良県だからエコカーの比重も大きかった」と菊池はいう。

先代社長のときに導入された中古車販売を積極化したことも寄与した。「中古車専門店に卸して売ればいいという考えを根本的に変えました」と新車販売での意識変革が中古車販売でも当てはまったのだ。平成11年（1999）には本社の中古車展示場を1・5倍に広げたほか、これは近年のことだが奈良市八条に3年前に100台規模の中古車展示場をオープンさせた。

◇狩猟型から農耕型へ——その経営哲学

11年連続の総合表彰がもたらしたのは、販売での金字塔として称賛を受けることはもとより、奈良トヨタ自動車の「基礎体力」を育んだことにある。平成20年（2008）のリーマンショックでの影響を

トヨタ自動車総合表彰

最小限度に食い止めることができたからだ。「奈良トヨタの基盤作りができていましたので、それほどの影響はなかった」と菊池はいう。

「トヨタ自動車本社で学んだことは徹底した現場主義と、営業方針の徹底。トヨタ自動車は日々小さなことでも工夫、改良していく。欧米の生産ラインでは大がかりな改良はするが、日々改良することはない。トヨタ自動車の地道な努力を奈良でも貫きました」

トヨタ自動車本社で学んだことが奈良トヨタ自動車の「基礎体力」のベースになったということだろう。

菊池は奈良トヨタ自動車の販売の軌跡を「狩猟」型から「農耕」型への変化だと説く。かつては、売れるなら遠くても出て、まるで野山で狩りをするような「狩猟」型だった、という。これだとメンテナンスなどのサービスが怠りがち。テリトリーのまわりの顧客を大事にして、ちょうど田畑を耕すように細部に気を配る「農耕」型と名付けた営業スタイルに移行することで業績伸長に結びついたという分析である。

「農耕」型とは、土を地道に耕し雑草を取り除く世話を日々繰り返す農業にたとえたものだが、足元の土地（奈良県）を知り尽くす視点を養うことになる。平成11年（1999）6月7日の地元紙『奈良新聞』のインタビューを受けてこう語っている。

「バブル期、浮かれムードがあった。当社は攻めの経営を転じるには、まず地盤固めからと、バブル期は人材の育成に専念した。これにめどが付いたので、投資には絶好の環境にある不況期に打って出る戦略を実践した」

実に堅実な経営姿勢がここに集約されている。社長就任時にはまだバブルの残像が残っていたが、浮かれムードで踊ることとは無縁だった。逆に不況時で投資を行うという決断は勇気がいるが、平成14年（2002）の不況の渦中、営業所など拡充し、トヨタレンタリース奈良本社、DUO（現在のフォルクスワーゲン）店など新設した。その年の社内報『一期一会』（題字・安田暎胤薬師寺長老）で「景気が悪いときだからこそ将来に備えて設備投資する。社員の将来のために」と述べている。

こうした堅実さはトヨタ自動車全体でいえるが、菊池の経営では何が寄与しているのか。初めて総合表彰を受けた平成7年（1995）の新聞のインタビューでは「謙虚で驕らず行動と対話重視」をモットーとしていると語っていた。社長の行動を生み出すものは、このモットーにある対話力が源にある。「本音で話せる社風づくり」「開かれた会社づくり」と平成7、8年の業界新聞のインタビューで答えている。社員とのコミュニケーションが原動力となった。

◇奈良の高僧との交流――講演会、自ら企画

大和奈良の風土、神社仏閣への関心の高さは、菊池が東京で生まれ育ち縁を結んで奈良に移り住んだことを抜きにして考えられない。世界遺産が3カ所あるのは日本では奈良県だけである。奈良で生まれ育つと、その貴重さ、巨大さを意外と感じないものだ。菊池は東京では出合うことなどなかった奈良時代から佇む神社仏閣群に素直に感動したに違いない。

先ほどの対話力で述べると、社長業としてお客さんとの対話力が「農耕」型によるきめ細かなサービスの徹底方針を生んだのだが、社寺との対話力も半端なものではなかった。東大寺、薬師寺、興福寺などの高僧との交流を生み、薪御能保存会会長、東大寺唯心会副理事長などつとめる。多川俊映興福寺貫首との交流では作家佐藤優との対談をプロデュースするまでになる。

奈良の世界遺産（興福寺）

「佐藤優さんの『獄中記』を読み感動しましたが、その中で多川貫首の著書にふれられていた。そこで佐藤さんと交渉して佐藤―多川対談を企画し東山弘子仏教大教授も加わりわが社の創立65周年記念事業で企画しました。交渉はすべて私がしました」

最近では福島県の福聚寺住職でもあり芥川賞作家

の玄侑宗久の講演会を開いた。多川俊英師との対談も行い、玄侑の話は無常という現実に向き合うことから沸き起こる命の力強さを聴衆に訴えかけた。奈良トヨタ自動車創立70周年事業の一環として行ったものだ。

平成17年（2005）8月に「レクサス奈良八条」がオープンし、1年後に東山教授の講演を行ったりしてきた。それも社会的に問題になっているテーマを選んでいる。田原本町で高校生が放火して母子3人が亡くなるという痛ましい事件がおきたこともあり、東山教授の講演は多様化したライフスタイルを参加者とともに考えたいという趣旨であった。

玄侑宗久師と

玄侑の講演は3・11の東日本大震災から1年9か月へた平成24年（2012）12月に企画した。「祈りと再生のための道標」と題した講演と対談だった。これも時宜にかなったものだった。

これら講演内容や講師を選ぶ菊池の視点は、学生時代に新聞記者を志した「ジャーナリスト」の視線が息づいているとしかいいようがない。単なる経済人ではそういった内容で講師を招へいしタイムリーな切り口を考えられるかどうか。講演交渉はいずれも菊池が行った。

さらに菊池の行動力は玄侑の講演後の今年3月、ともに被災地の福島県富岡町、楢葉町などを訪れたことだ。トヨタ自動車経営の中心にある現場主義がここでも貫いているのだが、「被災地を訪れて感じたのは、仏教の教えを広める寺の使命の大切さでした」と語る。

奈良トヨタ自動車は平成23年（2011）3月11日の東日本大震災後、翌月に行ったトヨタカローラ奈良での入社式では東日本大震災の犠牲者に黙とうを捧げたほか、新入社員に「自動車業界全体が受けたダメージを1日でも早く回復できるよう前向きに取り組んでいこう」とエールを送った。以降、社員が東北に支援物質を送ったりして継続した取り組みを行っている。被災地の子どもへの支援基金である「たまきはる福島基金」（理事長玄侑宗久）、福聚寺への寄付など行っている。

◇節目の年、自らを見つめなおす修行と冒険

今回の取材では幾度となく「メンタリティー」「精神を鍛える」ということばを聞いた。対話力を高めるには精神力を高めることが必須だ。企業経営の方針の徹底は揺るぎない精神力こそが牽引のカギになる。精神面の強化もあり大峯山に店長を連れて1泊2日での登頂を目指した。10年前と一昨年にも実施した。参加者は店長などの幹部40人。企業の屋台骨を確たるものにするためだ。

42の厄年にはアフリカの最高峰キリマンジャロ登頂に挑んだ。46歳のときには大峯山の奥駈け修行に臨んだ。50歳の節目を迎えた平成21年（２００９）にはパタゴニアトレッキングに参加した。いずれもリタイアすることなく目的を達した。「経営者として精神力を鍛えるために挑みました。自分を鍛える

キリマンジャロ登頂

大峯山での奥駆け修業

ことで会社全体に好影響を与えている。大峯山もキリマンジャロもいずれも民族の聖地であり、何ものにも代えがたい満足感がありました」。青年時代に

清掃奉仕活動

父に連れられた登山経験や学生時代の水泳部で励んだことが生きてきた。

創立50周年を記念して県内30店舗近辺地域を対象にして始めた清掃奉仕活動は20年をこえた。毎年1回全社員が出て実施している。60周年記念事業として福祉施設への電動ベッドを寄付、70年記念事業では玄侑やトヨタ自動車張名誉会長の講演、奈良県への災害パトロール車や十津川村へ福祉車両の寄贈など行った。

一方、奈良県公安委員長、防犯協会会長など公職も歴任している。「トヨタの社会的立ち位置は、地元のリーダー的存在として社会貢献に積極的に参加することに帰結します」。こうした公職のほか自動車関連団体の県内の代表などに就いている。自販連（日本自動車販売協会連合会）奈良県支部長として50周年記念事業として打ち出した各店舗が「こども110番」の拠点とし取り組むという考え方も、公安委員長などの活動が生かされている。

自販連奈良県支部は全国で11都府県しか実施に踏み切っていないOSS（ワンストップサービス）を

先行して導入した。各ユーザーは車購入時に警察、陸運局など書類を複数提出しなければならないが、奈良県支部が代行している。奈良トヨタ自動車の営業スタッフからは登録業務にかかる手間が省けると好評だ。これは奈良県全体の自動車業界に当てはまることだが、菊池の公職歴任が業界に跳ね返って一つの結晶を生んだともいえる。

◇新たな時代に突入──難局突破の手腕に期待

いま、自動車業界は厳しい環境にある。最近の統計によれば、乗用車の平均保有期間が7・23年と伸びてきている。新車を売ることで営業成績を上げていた時代とは明らかに違う時代に突入した。菊池はパタゴニアトレッキングに参加した平成21年（2009）の年頭社報で「保有ビジネスへの転換を」と社員に訴えた。車検から保険まで奈良トヨタが一貫して担うという戦略を打ち出した。「失われた10年」の長期不況時に連続して11年間、トヨタ自動車から総合表彰を受けた経営者である。菊池は難局に強い。

社員教育では先にあげた顧客第一主義、現場主義の徹底に加えて、「古都巡礼」ともいえる奈良の社寺を回っている。「この前も、奈良市高畑町頭塔に社員を連れて参りました」。この文章劈頭で引用したように「大和の経済人で理想の姿」というのは、まさしく菊池のような経営者をさすのだろう。

「国産車を走らせたいと豊田喜一郎さんが夢と志をもちトヨタ自動車を起こし今年で77周年を迎えました。わが社の初代社長武三郎が共感して奈良で自動車販売を起こし72年を刻みました。二つの夢が合体して大きな華を咲かせたといえます。全国でも珍しいのですが、菊池一族が県内のトヨタ販売のフランチャイズをすべて任されています。2代目社長久武は水を飲むときはその井戸を掘った先人のことを思えという言葉である『飲水思源』を座右の銘にしていました。トヨタ自動車創業者と奈良トヨタの創業者の志を継ぎ、バトンタッチしていただいた久武の願いを受け継ぎ、今後、若者の車離れなどで市場の縮小面も考えられますが、創意工夫を重ね社業を発展させたい」

豊田章一郎名誉会長夫妻と

トヨタ自動車本社の幹部がしばしば奈良トヨタ自動車を訪れる。菊池が奈良の神社仏閣に通じることが最大の要因である。本社2階に通じる階段には近年訪れたトヨタ自動車のＶＩＰの写真が飾られている。豊田章一郎名誉会長、張名誉会長、豊田章男社長など。「最近、張名誉会長から村井康彦著『出雲と大和』（岩波新書）が贈られてきました。本の中でふれた大和の出雲関連の社寺を参拝しています」と菊池は笑う。

一昨年12月の春日若宮おん祭りで先頭を切る行列で馬上にまたがり、使者の役を担った。奈良商工会

春日大社若宮おん祭りで

議所副会頭就任前のことだ。馬の背にまたがり手綱をひくこと5時間。大和を愛してやまない菊池だからこそ巡り来た大役だった。

日本を知る絶好の場が大和であり、また奈良ではないだろうか。トヨタ自動車VIPの来訪も春日おん祭りの馬上の使者役も「大和の経営者の理想の姿」ならではの帰結点だろう。

（敬称略）

川瀬 俊治

（記・2014年8月）

撮影　朝山 信郎

菊池 攻　奈良トヨタ自動車株式会社社長　　略　歴

昭和34年	2月	東京都生まれ
昭和57年	3月	上智大学文学部卒業
	4月	奈良トヨタ自動車株式会社入社
平成 2年	8月	同社代表取締役副社長
平成 4年	5月	株式会社奈良トヨタサービスセンター代表取締役社長
	6月	奈良トヨタ自動車株式会社代表取締役社長
平成 5年	9月	奈良トヨタフォークリフト株式会社（トヨタL&F奈良株式会社に社名変更）代表取締役社長
平成 6年	5月	株式会社トヨタレンタリース奈良代表取締役社長
平成11年	5月	トヨタカローラ奈良株式会社代表取締役社長

（公　　職）元奈良県公安委員長、（公財）奈良県防犯協会会長、（更）奈良県更生保護協会理事長、（一社）奈良県経済倶楽部会長、奈良商工会議所副会頭、（一社）奈良県自動車販売店協会会長、（一社）日本自動車連盟奈良支部支部長、（公財）奈良県ボーイスカウト振興会理事長、薪御能保存会会長、興福寺信徒総代、東大寺唯心会副理事長 他

（表彰・褒賞）

近畿運輸局長表彰、奈良労働局長表彰、法務大臣表彰、奈良市有功表彰

デンプン一業専心、独立独歩で地元橿原に根を下ろす「同歓共苦」の理念を継承、高付加価値経営に手腕

三和澱粉工業株式会社

会長　森本《もりもと》　俊一《しゅんいち》

撮影　柴田ヒデヤス

本社工場

会社概要

本社所在地
〒634－8585
奈良県橿原市雲梯町594番地
TEL：0744-22-5531（代表）

設　　立	昭和22年（1947）1月9日
資 本 金	5億円
代表者名	代表取締役会長　森本　俊一 代表取締役社長　伊藤　歩
従業員数	250名
事業内容	澱粉及び澱粉加工品の製造販売、糖化製品の製造販売
売 上 高	260億円（平成30年3月期）

手元に1冊の本がある。書名に『同歓共苦の五十年』とあり、奈良県橿原市に本社・工場を構えるデンプン・糖化製品の一貫メーカー、三和澱粉工業の創業からの歩みが記されている。地域にこだわり、創意工夫にこだわり、中小企業であることにこだわった、その歩みは独立独歩の半世紀といっていい。

書名の「同歓共苦」という言葉は漢書《かんしょ》の引用を思わせるが、実は著者で創業者の森本清一による造語である。歓びを同じくし、苦しみを共にする――。近江商人の「三方よし」にも通じる企業理念は、社風に昇華して創業から此の方、デンプン一業専心の経営を支えてきた。

まもなく創業70年になる同社にあって、創業者の清一とともに「同歓共苦」の経営を体現してきたのが長男で2代目社長を務めた森本俊一だ。唐書《とうじょ》にいう「創業は易く守成は難し」は事業継承の箴言とされるが、創業者の薫陶よろしきを得て公害問題の対応にはじまって、一貫メーカーへの転進、マルトース（麦芽糖）などオリジナル製品の開発に手腕を発揮し、現在は会長として人口減少時代に対応すべく大所高所から経営のカジ取りをする。

◇「山工場」が見つめるドラマの数々

大和平野を南北に流れる曽我川沿いを北上していると、橿原市の大和高田バイパス（国道24号線）から下街道（国道１６６号線）にかけて白い蒸気が噴きあがる異様な光景が目に飛び込んでくる。古い集落が点在する水田や畑のなかに突然、化学プラントとおぼしき巨大な工場が出現するのだ。橿原バイパス（国道24号線）を含めた幹線道路がつくる三角形の中心（橿原市雲梯町）にそれはある。

正体は、創業者の森本清一が名づけるところの「山工場」、すなわち三和澱粉の本社工場である。遠目に殺風景なタンクやサイロが立ち並び、それらに絡むように梯子や階段があってパイプが縦横に走る。まさに無骨を絵に描いたような造形だが、近づいてみると不思議に周囲の風景とは違和感がない。

工場の敷地面積はざっと2万坪。ほかに事務所棟や研究所棟、配送センター用地として1万坪。広い工場のなかを原料や製品を搬入・出荷する大型のト

「山工場」本社工場全景（昭和40年代）

ラックやタンクローリーが行き来する。本社工場への累積投資額は500億円にのぼる。

山がちでもない平野部の工場を山工場と呼ぶところに、立地上のハンデをものともしない創業者ならではの矜持があり、その矜持こそが父祖伝来の地で果断な事業の再構築やオリジナル製品の開発といった独立独歩の経営の原動力なのである。

デンプンの原料は輸入トウモロコシ。大半がアメリカ中西部のコーンベルト（アイオワ、イリノイ、ミネソタ、ネブラスカ州など）から、パナマ運河を航行できる最大船型「パナマックス」（排水量6万5千トン）クラスの貨物船で運ばれてくる。

とすれば工場は臨海部につくるのが経済的だし、事実、同業他社の多くが知多半島周辺（愛知県）をはじめ国際港湾の近くに工場を構える。関西圏なら製品の搬送まで併せて考えると、神戸市の臨海部が最適の立地になろう。

水深が深くて「パナマックス」クラスが着岸できる神戸港には大型サイロ基地が3か所ほどあって、三和澱粉も神戸港からトウモロコシを本社工場までトラック輸送している。

森本はいう。

「神戸港というと橿原から遠いように思われるが、高速道路を利用すれば10トン積みの大型トラックで1日に2往復できる。内陸部に立地しているので横持ちが発生してトン当たり1千円から1200円の輸送費がかかるけれども、競争力が損なわれるほどの問題ではない」

とはいうものの経済合理性からすれば山工場は次善の策であることに変わりはない。『同歓共苦の五十年』（以後は自伝と表記する）によると、かつて神戸市の六甲アイランドに隣接する東灘区住吉浜にコーンスターチ（トウモロコシデンプン）の新工場をつくる計画があった。それが、港から遠く離れた山工場になったいきさつはこうだ。

昭和35年（1960）にコーンスターチ製造に進出していた三和澱粉に対し、住吉浜でグレーンサイロ基地を計画しているトーメン（現豊田通商）からある打診があった。

三和澱粉が新工場を建設してコーンスターチを生産し、老舗水あめメーカーの日本資糧工業（徳島市）が糖化製品をつくる食糧コンビナートを組む。それがトーメンの目論見だった。

ところが埋め立て工事が遅れたうえ、設備投資に巨額の資金が必要なことや阪神間は大型工場の新増設に対する規制が厳しいなどの要因が重なって、結果的に進出するタイミングを逸した。

臨海部のコンビナートを断念した清一が打った手が山工場のコンビナート化だった。日本資糧に「橿原に土地を手当てするから来ないか」と持ちかけ、その提案に応じた日本資糧が全額出資で日本化糖を設立して操業したのがはじまりである。三和澱粉がつくるコーンスターチをパイプラインで日本化糖に供給し、日本化糖がそれを使って水あめをつくった。

今も同社が住吉浜に2千坪の土地を所有しているのは、かつての計画の名残だ。もっとも実際に工場を構えるとなると2千坪では規模の面でお話にならないと森本はいう。

ともあれデンプン・糖化製品業界では例のない山工場はこうして誕生した。そして、三和澱粉唯一の工場として田園風景が広がる橿原の地にあって、そこで繰り広げられるドラマの数々を見てきたのだ。

◇イモ余りが世紀の発明を生む

創業者の森本清一は京都帝大法学部を繰り上げ卒業して三和銀行（現三菱東京ＵＦＪ銀行）に入行。直後に召集されたものの、戦地に赴くことなく終戦を迎えて昭和20年（１９４５）10月、同行に復職した。

ところが生来の負けん気のせいか、それとも時勢のなせるところか、宮仕えのサラリーマンは肌に合わないとして半年ほどで退職。周囲の反対をよそに生家の片隅で甘藷デンプンづくりをはじめた。同22年のことだ。三和澱粉工業の産声はまことに小さくか細いものだった。

創業者 森本清一

奈良県の副知事に勧められ、手さぐりではじめた事業はのちに清一に幸運をもたらす。まもなく国をあげての「サツマイモの山を何とかしろ、イモデンプンから糖をつくれ」の大合唱が起こるのだ。

深刻な食糧難の解消に対応すべく政府が生産奨励したサツマイモだったが、コメの生産が軌道に乗ってきたことから各地でイモ余りが発生。見る間に政府の倉庫はイモの山、また山……。

増え続ける保管料負担に音をあげた政府がひねり出した策がイモデンプンから糖化製品をつくることだった。当の清一はもちろん、誰もデンプン製造にそんな未来が用意されようとは思いもしなかった。

ここで創業時の社会的な背景を理解するために終戦直後の食糧事情と政府の施策について振り返ってみる。

１　終戦直後は農業生産力の低下や悪天候などから食糧難が深刻になり、昭和21年２月に政府は食糧緊急措置令を施行。次いで翌３月に物価統制令を施行して強権的にコメの供出を図ったが、生産者の抵抗でまったく効果があがらなかった。困窮した都市生活者は5月1日、皇居前広場に約25万人が集まって抗議集会を開く。いわゆる食糧メーデーである。

2　昭和22年10月にはヤミ米を拒否して餓死した東京地裁判事の事件が社会に大きな衝撃を与えた。政府は戦前の昭和17年に施行された食糧管理法を同22年12月に改正。サツマイモ、ジャガイモ、雑穀を配給対象に加え、戦前の食糧営団に替わる食糧配給公団を設置して改正食管法に沿った食糧配給に踏み切る。

3　昭和23年7月には食糧確保臨時措置法を施行。農林大臣が都道府県知事の意見に基づく農業計画でコメの売り渡し数量を定め、知事や市町村長は国の農業計画に沿ってコメの生産計画をつくることが義務づけられる。

4　昭和24年6月、食管法を再改正して配給も農林大臣の計画のもとで行うようになり、農林省の外局として食糧庁を設置する。国が配給にも関与することで供出制度が機能し、ようやく食糧不足が緩和の方向へ向かう。

5　昭和25年3月、食管法の再々改正でイモ類は主要穀物の配給対象から外れ、翌26年には食糧配給公団が廃止される。

清一が創業したころのわが国の食糧事情はかくのごとくで、終戦からしばらくはサツマイモがコメの代替食糧だった。名実ともに〝主食〟の座から退くのは昭和25年である。サツマイモが食管法の配給対象に加えられた同22年に清一が甘藷デンプンをつくりはじめたということは、奈良県ではそのころには大量のイモ余りが起こっていたことになる。

食糧難が深刻であれば、コメに代わるサツマイモを腹の足しにならないデンプン製造に回せるはずがない。それだけ奈良県は大都市に比べて食糧事情がよかったのだろう。

いずれにせよデンプンから糖化製品をつくる流れは終戦直後の食糧危機にその萌芽があった。三和澱粉は昭和50年（1975）に糖化工場を新設して異性化糖の製造に乗り出すが、ここは同社の歩みをいったん措いて、デンプン・糖化製品を取り巻く大きな環境変化にふれておく。

「イモデンプンから糖をつくれ。それも、安くて砂糖に負けないぐらい甘い糖（異性化糖）でないとダメだ」という大合唱は、やがて通産省（現経産省）と農林省（現農水省）の研究開発競争に発展する。両省所管の研究所がそれぞれ異性化糖をつくるのに最適な酵素の発見にしのぎを削った。

結果は通産省工業技術院（現独立行政法人産業技術総合研究所）に軍配があがる。工業技術院が〝夢の酵素〟と呼ばれる異性化酵素のグルコースイソメラーゼを発見し、タッグを組んでいた老舗水あめメーカーの参松工業（千葉市）がブドウ糖から異性化糖をつくる工業化技術の開発に世界で初めて成功した。戦後まもなくのイモの山から時は流れ、高度経済成長を謳歌する昭和40年（１９６５）のことである。

ところが世界に先駆けた国産技術にもかかわらず、砂糖を使い慣れた日本の飲料メーカーはなかなか異性化糖を使おうとしない。砂糖１００パーセントを謳った「全糖」が幅を利かせた。世紀の発明に最初に目を付けたのは、ほかならぬアメリカのコカ・コーラ社だった。

コーラをはじめ清涼飲料水の容器をみると、原材料のところに必ずといっていいほど「ブドウ糖果糖液糖」「果糖ブドウ糖液糖」「高果糖液糖」などと表記されている。これらが異性化糖である。

デンプンから異性化糖を生成するには、まず液化・糖化を経てデンプンからブドウ糖をつくる。次いでグルコースイソメラーゼを加えてブドウ糖の一部を果糖に変換（異性化）させ、最後に精製・濃縮によって果糖分42パーセントの「ブドウ糖果糖液糖」ができる。

工場風景（昭和50年代）

現在、日本農林規格（ＪＡＳ規格）では果糖とブドウ糖の混合糖である異性化糖を次のように定義する。

「ブドウ糖果糖液糖」＝果糖分50パーセント未満
「果糖ブドウ糖液糖」＝果糖分50パーセント以上、90パーセント未満
「高果糖液糖」＝果糖分90パーセント以上

ＪＡＳ規格で明らかなようにミソは果糖にある。砂糖の甘味度（甘みの強さ）を１００とすると、70～80のブドウ糖に対して果糖は１２０～１８０。果糖は砂糖よりはるかに甘みが強い。「デンプンから糖をつくれ」の大合唱は、取りも直さず〝フルーツシュガー〟の別名をもつ果糖をつくることにほかならない。「甘くないブドウ糖などもってのほか」だった。

異性化糖の主な用途は、コカ・コーラ社が先鞭をつけたように清涼飲料など飲料向けが全体の70パーセントを占める。残り30パーセントは冷菓やパン、缶詰、菓子向けだ。清涼飲料や冷菓の比重が大きいのは、低温であるほど甘味度が増すという糖としての特性に理由がある。

年間生産量は１１０万トン。砂糖生産量の40パーセントに相当する。わずか50年ほどで異性化糖がここまで普及したのは、甘みの強さ、使い勝手のよさに加えて価格が安いことがあげられる。ちなみに果糖分55パーセントの「果糖ブドウ糖液糖」は砂糖の7割程度という。しかも粘性が少ないことからタンクローリーで大量輸送できるし、タンクに貯蔵・保存するのも簡単だ。

ところが異性化糖は食生活に欠かせない甘味料なのに一般にはあまり知られていない。原料素材で消費者が目にする機会が少ないことに加え、異性化糖という名前にしてから学術用語を直訳して普通名詞にしていることも大きい。

さらに工場内は製造工程が自動化されて従業員の姿をほとんど見かけない。タンクとタンクをつなぐパイプが走っているだけの殺風景な光景から、そこでつくられるものをイメージしようにも術がないだろう。

余談ながら三和澱粉の製品も一般になじみのないものばかりだ。異性化糖はもちろん、コーンスターチ、加工デンプン然り。マルトース、アラビノースもまた然りである。

しかし現実には食品の副原料としてデンプンの使用

は多岐にわたる。例えば天ぷら粉は小麦粉以外にコーンスターチが入っている。ビールや発泡酒の「キレ」「のど越し」にコーンスターチは欠かせない。「足」と呼ばれるカマボコの弾力はデンプンを使うことで強くなる。独特の食感は添加されたデンプンの底力なのだ。

これらの事実を知ってみれば副原料メーカーであっても三和澱粉が意外に身近な企業であることがわかる。消費生活、あるいは消費者対応に関連して同社のホームページに興味深い記事が載っている。

メーンタイトルに「明日に向かって、夢は大きく」とあり、社員が自らの仕事への思いを綴ったものだ。そこには「ヒット商品を世に送り出す」「トレンドをつくる」「身近な生活用品につながる」といった表現が飛び交っている。

◎感動したことは?→思いがけずに心動かされる瞬間がある

(1)自分の携わった製品が世に出て行ったこと

(2)仕事、現場テストがうまくいったとき

(3)自分が提案したレシピ、製品が採用になったとき

◎大切なものは?→それぞれの心のなかに存在している

(1)今日は、昨日とは違う自分を目指すこと

(2)決して一人で仕事をしているわけではないということ

(3)感謝の気持ちを忘れないこと

◎やりがいは?→問題をクリアしていく達成感や充実感

(1)自分のアイデアを開発に生かせること

(2)常に新しい発見があること

(3)自分の仕事が、食品や日用品といった身近な製品につながること

◎夢は?→自分の思いを実現できる場所

(1)超ヒット商品を世に送り出すこと

(2)食のトレンドをつくる

(3)長く愛されるようなものをつくること

◇能力・努力・運の三位一体が原動力に

再び三和澱粉の事業に話を戻して創業から数年後の足どりを追ってみる。手さぐりの甘藷デンプン事業が軌道に乗ってきたころ、清一に耳寄りな情報が

入った。小麦粉が統制を外れたというのだ。

年間を通して安定供給される小麦粉の方がイモ類よりデンプンの原料に適している。やがて小麦デンプンの時代が到来する――。

そう確信した清一は、即座に甘藷デンプンの製造をやめて小麦デンプンに切り替えた。創業から5年が経過した昭和27年のことだ。やがて同社は小麦デンプンの最大手メーカーに成長する。

創業者のここまでの足跡を振り返って思うのは、甘藷デンプンの製造を勧めてくれた県の副知事とは軍隊時代の知り合いという関係に過ぎない。その意味で創業は運がよかったといっていい。

次いで小麦デンプン時代の到来を読んだのは紛れもなく清一の先見の明である。そして、まったく経験のないデンプン事業を成功に導いたのは清一の並外れた努力の賜物だ。

「私は幸運をもって生まれたように思う。残りの半分は能力と努力。それも運に恵まれてのことで、あとで振り返って運がよかったと思うことが多々ある」と自伝は書く。

甘藷デンプンから小麦デンプン、続いてコーンスターチや異性化糖、さらにはマルトース――。同社はだいたい10年ごとに転機が訪れ、その都度大胆な事業の転換に踏み切っているが、それらが概ね成功したのは運に恵まれたのだという。

たしかに事業を興し継続するには能力、努力に加えて運が欠かせない。名を成した企業家の多くは大なり小なりそうであり、三和澱粉もまた創業者の三位一体の資質が今日の礎を築いたといっていいのだろう。

そもそも小麦デンプンというのは、小麦粉を原料にしてデンプンとタンパク（グルテン）に分離される。タンパクはいろんな用途があって、最初はグルタミン酸ソーダの原料として引っ張り凧だった。これを利用した代表的な調味料が「味の素」である。ほかにも国産牛肉を補完する植物タンパク「ミート」といった用途がある。

しかし原料の小麦粉は食管制度のもとで価格が上がってくる。デンプンそのものの単価もコーンスターチの方がずっと安い。需要はというと、主力であるチクワ、カマボコ、魚肉ソーセージの水産練り製品は市場の拡大があまり望めない。ハム・ソーセージ向けのミートも大きく伸びるものではない。

加えて小麦デンプンには大きな問題があった。製造工程で大量の水を使うのだ。その量はコーンスターチの8倍にものぼり、生産量が増えるにつれて排水処理のための投資はかさむ一方になる。

小麦デンプンの死命を制したのは昭和31年に協和発酵工業（現協和発酵キリン）が開発した、発酵法によるグルタミン酸ソーダの生産技術だ。製造コストも原料価格もグルテンよりはるかに安い。やがて最大手の味の素が協和発酵の特許技術を使うようになる。

小麦デンプンはいよいよ行き詰まり状態になった。最盛期には40社を超えていたメーカーが昭和35年にはわずか9社に減った。

陰りが見えた小麦デンプンの先に清一が見たのがコーンスターチの製造だ。同35年、父祖伝来の山林や田畑など個人資産のほとんどを売却して勝負に出る。

ここまでの決断力や実行力を見せつけられると、清一は事業家になるために生まれてきたとしか思えない。社長兼技師長兼経理部長兼営業部長……一人で何役もこなす獅子奮迅の働きをみせる。当人はコーンスターチが将来、デンプン業界をリードするとの確信、信念があったというが、それはほとんどヤマ勘、思い込みでなかったか。

製造方法にしてから技術書を読むところからはじめねばならなかった。今日のような大卒の技術者を採用するのは先のことだ。工場に寝泊まりし、機械に振り回され、失敗を重ねながら、新工場を立ち上げてから半年以上かかって製品として出荷できるところまでこぎつけた。10カ

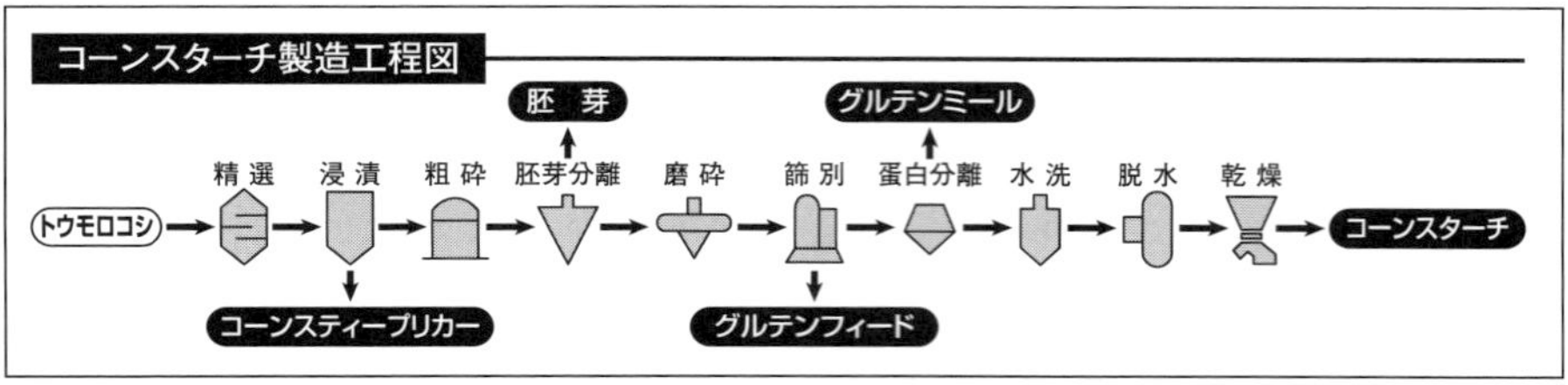

（図1）コーンスターチ製造工程図

月後の昭和36年1月には日産20トンを達成した。一か八かの勝負に勝ったのだ。

寡占化が進む今日のデンプン業界の、激変といっていい変わりようを見て、さぞかし清一は草葉の陰でほくそ笑んでいることだろう。

「半世紀以上も前にたどり着いた確信（ヤマ勘？）や信念（思い込み？）は概ね正しかった」と。

日本スターチ・糖化工業会によると、コーンスターチの生産量は現在、年間３００万トン。デンプン全体の80パーセント強を占める。メーカーは11社14工場。いずれもデンプンから糖化製品までの一貫メーカーで、独立系の三和澱粉はそのなかで商社系の大手に伍して上位5社の一角を占める。

トウモロコシはデンプン原料としては実に優れものだ。まず収穫量が農産物としては世界一なので供給不安の恐れが少ない。次いで水分を飛ばした粒の状態で輸入すれば保管が長く利く。水分含有量7、80パーセントのイモ類が1、2カ月でデンプンにしないと発芽して使い物にならなくなるのと大違いだ。加えて水分含有量の少なさは製品の歩留りを高くする。サツマイモが1トンで２００キロもデンプンができないのに対し、トウモロコシはコーンスターチが優に７００キロはつくれる。

しかもコーンスターチ以外に多くの副産物が派生する。胚芽（コーンジャーム）は食用油になり、タンパク（グルテンミール）は配合飼料やうまみ調味料に、外皮（グルテンフィード）は配合飼料などの用途がある。

三和澱粉では現在、胚芽は芽だけ取り出して味の素の関連会社「太田油脂」（愛知県岡崎市）に販売。タンパクはトーメンと折半出資した子会社「播州調味料」（兵庫県姫路市）でアミノ酸味液を抽出してうどんスープやそばつゆ、焼きそばソースなどをつくっている。

このようにトウモロコシはほとんど捨てるところがない。デンプン原料として最適なのだ。そこまで清一が見通していたとは思えないが、確信であれヤマ勘であれ、はたまた信念であれ思い込みであれ、コーンスターチ製造に進出したのは清一の慧眼というほかない。

だが、好事魔多しは世の常。昭和48年6月に「黒い水事件」と呼ばれる公害問題に遭遇する。同社は当時、小麦デンプンとコーンスターチの両方をつくっていた。小麦デンプンは前述したように大量の工業用水を使うが、処理した水を工場の傍を流れる曽我川に流していた。

デンプン工場には排水が付き物で、三和澱粉も排水処理に苦労してきた。毎年、田植えの時期になると下流の農家から苦情が出ていた。その都度頭を下げてまわって事を収めていたが、急激な企業規模の拡大は頭を下げて済むようなレベルをはるかに超えていた。

会社創立記念式典（昭和40年代）

折からの高度経済成長に企業や行政の環境対策が後手に回って各地で公害問題が表面化していた。世論に押される形で腰をあげた政府は昭和46年6月、世界でもっとも基準の厳しい水質汚濁防止法を施行する。

三和澱粉も総額10億円余を投じて排水処理や騒音防止に手を打ってはいた。ところが異常渇水に見舞われた昭和48年は、梅雨入り後も雨が降らなくて川の水が流れなくなった。工場に近い曽我町出屋敷の大樋井堰で田植え用に溜めていた水が黒く濁り、悪臭を放った。

田植えができない――。農家が苛立って大きな騒ぎに発展し、県と橿原市が調停に乗り出した。ＢＯＤ（生物化学的酸素要求量）、ＰＨ（水素イオン濃度）、ＳＳ（水中の微細な浮遊物質）のいずれも県条例の排水基準をはるかにオーバーしていた。

県は10日間の操業停止を勧告。三和澱粉が拒否したことから6月末、専用排水口を設けるよう業務改善命令を出し、それを三和澱粉が受け入れて一応の決着を見た。

次いで10月初旬に橿原市、三和澱粉、地域住民の3者による公害防止協定を締結。公害防止事業団（現環境事業団）から8億円の低利融資を受け、総額12億円で同協定に沿うべく排水処理、臭気・騒音防止の設備投資に踏み切った。

振り返って黒い水事件は天候不順があったとはいえ、デンプン工場が抱える悪臭、騒音、水質汚濁といった負の側面を考えると、工場の規模が大きくなるにつれ、社会的背景から起こるべくして起こったといえる。その意味で同社としては最大の危機でもあった。対応を一歩間違えれば命取りになりかねなかった。

一連の出来事について清一は次のように語っている。

「公害防止協定は三和澱粉が橿原で生きる企業としての存在証明である。地元に迷惑をかけずに山工場を続けていくには、オープンな公害のない会社でなければならない。多額の公害防止投資を通して地元の利、信用の大切さを痛感させられ、会社と社員と地域社会の『同歓共苦』の意味を改めてかみしめた」

一方、食糧コンビナートを組んでいた日本化糖の対応は違った。あっさり県の操業停止勧告を受け入れ、そのうえで公害が問題になりにくい知多半島の臨海部へ移転した。

地元企業と進出企業との違いといえばそれまでだが、三和澱粉はコーンスターチの大きな売り先を失うことになった。残された方策は、新しくコーンスターチを買ってくれる糖化製品メーカーを探すか、自前で糖化製品をつくるかの二者択一だった。

◇生き残りをかけた一貫メーカーの道

そこに若き日の森本が登場する。異性化糖に進出してデンプン・糖化製品の一貫メーカーになるよう清一に進言。それを受けて清一が路線転換を決断するが、昭和50年6月にはじめた異性化糖の製造は三和澱粉にとって大きな転機となった。食品素材メーカーとして高付加価値製品の開発型企業に脱皮するきっかけをつかんだのである。

森本は往時をこう振り返る。

「デンプンから糖化製品までの一貫メーカーになって業績を伸ばさないと企業規模を維持できない。規模の利益が働く装置産業で生産規模の縮小は致命的だ。製紙向けや食品用に加工（変性）デンプンをつくってはいたが、コーンスターチ単体ではいずれ行き詰る。そう考えてオヤジに川下分野の糖までつくった方が安定的に操業できるのではないかという提案をした」

当時、デンプン・糖化製品業界は川上分野と川下分野が分化する住み分けの構図が崩れようとしていた。大手の林原（岡山市）は独自にバイオ分野に展開していったが、大半の糖化製品メーカーは原料のコーンスターチをデンプンメーカーから買うのをやめて自社生産するようになっていく。

好例が昭和産業（東京都千代田区）だ。同社は「農工両全」で有名な鹿島臨海工業地帯（現茨城県神栖市）に工場進出するのを機にコーンスターチを自前でつくりはじめた。

やがて糖化製品メーカーの戦略転換と軌を一にして三和澱粉などデンプンメーカーは糖化製品を手がけるようになる。つまり川上分野と川下分野の企業が入り乱れて結果的に同じような企業スタイルに変わっていく過程だった。

激しい同質化競争をしのいで現在も残っているのは最大手が三菱商事系の日本食品化工（東京都千代田区、デンプンメーカー）。次いで知多半島に事業所がある日本コーンスターチ（同港区、デンプンメーカー）、同じく加藤化学（愛知県知多郡美浜町、水あめメーカー）。4番手が王子製紙と三井物産が共同出資で設立し愛知県知多市で操業する王子コーンスターチ（東京都中央区、デンプンメーカー）、5番手が三和澱粉といったところだ。

一方、退場を余儀なくされたなかに平成16年（2004）2月に経営破たんした参松工業がある。前述したように同社は異性化糖における日本のパイオニアで、戦後の創業が多い業界では数少ない戦前からの老舗企業だった。福岡市に糖化工場をもって水あめを中国や朝鮮に輸出していた。

閑話休題。三和澱粉は異性化糖の製造という社運を賭けた大勝負に出る。その際も清一は三和オリジナルにこだわった。それを象徴するのが工場長として研究・製造の最前線で奮闘した吉野善市との激しいやり取りだ。

社運を賭けた大勝負という表現が誇張でないのは、設備投資の時期と投資額の大きさだ。昭和49年、50年というと第一次石油ショック後の深刻な不況の真っ直中。そこへ資本金1億5千万円の中小企業が総額30億円もの新規投資に踏み切ろうというのだ。

清一が異性化糖に進出する腹案を吉野に話したのは黒い水事件の翌年、昭和49年4月のことだった。そのときに二人の間で交わされた応酬は、技術者の常識と事業家の嗅覚の激突といっていい。

先に異性化糖の工業化技術のところでふれたように、異性化糖はまずデンプンを加水分解（液化・糖化）してブドウ糖をつくり、その一部を異性化酵素によって果糖に変換させる2段階方式が一般的だった。何しろ旧通産省と旧農林省がしのぎを削って長い年月をかけた末に開発した世紀の国産技術である。

それを——

「ブドウ糖を経由せず、デンプンから一気に異性化糖にしろ」（清一）

「いったんブドウ糖にし、それを果糖にする方法でないと技術的に難しい」（吉野）

「それでは三和オリジナルにはならない。独創性のない製品では将来的にコスト競争に勝てない」（清一）

——すったもんだの末に事業家の嗅覚が技術者の常識を押し切った。清一の腹づもりはこうだ。

ブドウ糖の販売先は今のところ十分にあるが、先発メーカーが多いのでいずれ過当競争になって値崩れする恐れがある。そういう事態になれば後発の三和澱粉は太刀打ちできなくなる。ここは技術的に難しくても、二重投資を避ける意味からも異性化糖単独の工場にした方がいい。

ただ、当の清一にしても最初から異性化糖単独で行こうとしたのではない。当初はブドウ糖と異性化糖を生産する2段階方式の工場を考えていた。それを考えに考えた末に1段階の異性化糖単独で行くという結論を出したのだ。あとは一瀉千里、お得意の

〝無理偏にゲンコツ〟である。

こうして日本で例のない山工場に、これまた日本で初めての異性化糖単独工場が誕生した。24時間体制で操業する日産350トンの新工場は、コンピューター制御によって製造部門の人員は1シフト3人。将来の厳しい価格競争を生き抜くべく合理化を徹底していた。

ちなみに現在は1シフト4人の3交代制で24時間操業している。生産力が操業開始のころとは比べ物にならないほど大きくなっていることを考えると、1シフト4人というのはいかにも少なく、製造工程の全自動化が進んでいることを物語る。工程管理は最上階にある管理室でオペレーターが一人で当たっている。

当時と大きく違うのは省エネ、すなわちエネルギー効率の向上だ。平成12年（2000）に蒸気タービンで熱と電気を同時に供給するコージェネレーション（熱電併給）システムを導入。次いで同18年には蒸気タービンより起動時間の短いガスタービンに切り替えている。

現行のシステムは大和ガスから専用管で送られてくるガスでタービンを動かして発電。さらにタービンの排熱でつくる蒸気を工場内の熱源に充てている。発電量は3万キロワット。うち1万4千キロワットを自家消費し、残りはNTTファシリティーズや大阪ガス、東京ガスが共同出資した新電力最大手の「エネット」（東京都港区）に売っている。

コージェネがどれだけコストダウンにつながっているか聞いていないが、地球環境問題や電力の自由化を考えた場合、エネルギーを大量消費する製造工場の間で今後、広がっていくには違いない。

またまた話が本来の流れから逸れてしまった。本線に戻すと——

創業者の難しい要求に応えた吉野は、もともと山工場から離脱して知多半島へ移転した日本化糖の工場長だった。親会社の日本資糧時代に新しいブドウ糖の製造法を開発した根っからの技術者である。

三和澱粉が後年、国際特許を取得して開発型企業の嚆矢となったマルトースの製造法は吉野の考案だ。と、こう書けば簡単に事が運んだように思えるが、森本によると、当時のデンプン業界というのは農水省の規制が厳しくて新設工場は認められなかった。どうしてもやりたかったら他社の権利を買う必要があった。

日本の農政は伝統的に生産者保護を名目にして各種の参入障壁を設けてきた。デンプンを例にとると、北海道や鹿児島にそれぞれ馬鈴薯デンプン、甘藷デンプンをつくる農協系のメーカーがあり、これら農協系メーカーのイモデンプンは原料価格が高いことから価格競争力がない。

一方、輸入トウモロコシを原料にするコーンスターチはイモデンプンより安くできる。そこで農水省はコーンスターチメーカーに国産のイモデンプンを買わせ、そのうえでイモデンプンを買った分に相当する輸入トウモロコシの関税を無税にする関税割当制度を続けていた。日本スターチ・糖化工業会の試算では、国産デンプンを1トン購入すると、コーンスターチが12トンできる18トンのトウモロコシを関税なしで輸入できるという。

いわゆる抱き合わせと呼ばれる制度で、国産デンプンは3分の2が抱き合わせで引き取られていた。制度そのものは昭和43年に導入され、平成19年に廃止になった。現在は抱き合わせに替わって、トウモロコシを輸入する際にトン当たり数千円の課徴金が課せられている。まったくの自由競争ではないのである。

◇帝王学「事始め」は、出社に及ばず――

さて、糖化分野に進出するに当たって清一は独特の嗅覚を発揮したが、実際には30億円もの巨額な投資負担が精神的な重荷になっていた。異性化糖工場の新設に加え、それに合わせたコーンスターチの生産力を1・5倍に引き上げる増設が含まれている。万一、異性化糖がうまく行かなかったら屋台骨が揺らぐ――。

「社長というのは社員の2倍も3倍も働くのが当たり前」と考え、創業以来そうしてきたという自負が清一にはある。なのに……還暦を過ぎて健康に不安が出ている。もっとも嫌ったはずの弱気の虫が頭をもたげてくる。守りの姿勢は巨額投資のリスクを意識させる。

そこへ行くと後継者と目される長男の森本は32歳。怖いもの知らずだ。若さにまかせて一貫メーカーの必要性を滔々と主張する。息子の熱意に背中を押されるように「やってみよう」と決断した。

結果的に投資のタイミングがよくて、異性化糖部門は三和澱粉の事業の柱に育っていく。仮に森本が糖化分野への進出を強く推さなかったら〝会社のかたち〟は違ったものになっていたかもしれない。

「社長にいちばん必要な条件は決断力」と考える清一は、糖化分野の進出に続いて大きな決断をする。自分が会長として補佐できる間に息子に社長を譲ろう、と。

昭和53年（１９７８）５月、創立30周年の記念式典で森本にバトンタッチすることを発表した。２代目社長の誕生である。

森本は昭和44年（１９６９）、京都大工学部合成化学科を卒業して三和澱粉に入社した。しかし入社はしたものの会社には顔を出さず、２年ほど東京へ行っていた。清一の指示だった。将来、会社を経営

社長就任挨拶をする森本（昭和53年5月）

するのには経理がわかる必要があるということで、出社しない代わりに経理・税務や企業法規の研究機関「中央大学経理研究所」（東京・お茶の水）へ通ったのだ。

「貸借対照表とか損益計算書を見れることは見れる」と謙遜するが、半年ほどの通学ながら清一の期待に応えて公認会計士試験を受け、会計士補の資格を取得している。

出社に及ばず――。そこには長男を後継者に育てようという創業者の強い意志が読み取れる。いわば帝王学「事始め」だ。以来、森本は黒い水事件では公害対策委員長として、糖化分野への進出では清一の片腕として、さらにもっとも難しい人の使い方については「同歓共苦」の精神で、といった具合に実務のなかで一つひとつ帝王学を伝授される。清一の念頭にあったのは東大阪の町工場時代から取引のあるハウス食品だった。

一方の森本は自身、事業家に向かないとして大学は理学部数学科へ進もうと考えていた。ところが後継者にしたい清一は「数学でメシが食えるか」と大反対。結局、京都大工学部合成化学科へ入学したが、そのころには後継ぎになる覚悟を決めていたという。

ともかく躾は厳しかった。弟にはほとんど手をあげたことがないのに兄の森本はよく殴られた。それも思い切り殴るから顔が腫れて学校へ行くのが恥ずかしかった。兄弟でこれだけ接し方が違うのは清一の企業観と大いに関係する。そこには自ら興した三和澱粉を、在り来たりの同族企業にしないとする信念ともいうべき考えがある。

ざっくりしたいい方をすれば、清一が望んだのは同族企業を否定する家族主義経営といえようか。「同歓共苦」の理念はその表れにほかならない。以下は清一の口ぐせだ。

「企業は運命共同体である。社員の総和で成り立ち、その成果として利益がある。だから利益の出たときは事業の継続に必要な分を除いて社員に分配を多くし、その代わり苦しいときには皆で乏しきを分かち合う」

同じ創業者ながら、創業者一般とは少し企業観が違うのがおわかりいただけよう。オーナー企業は創業者が亡くなったあと、往々にして兄弟や親族の存在がもめ事の原因になる。思うに、清一には苦労して育てた事業を万一にも骨肉の争いでダメにしたくないという思いがあって、幼いころから長男を後継者にすべく決めていたのだろう。それが結果的に兄弟への接し方の違いになったといえまいか。

「オヤジが立派だったのは有言実行。自分がオーナーであっても、企業を社会的な公器と見做して私的な所有物とは考えなかった。弟もしばらく在籍していたが、最終的に教師になった。親戚についても頑として入社させなかった」

森本が創業者から学んだ帝王学は、ひとつがこうした企業の継承のありようであった。

「公私の別をわきまえる精神は自分も受け継いでいる。当社には遠い親戚は別にして近い親戚は誰もいない。平成22年6月に社長を譲る際も、息子が3人いてオヤジは誰かに継がせたかったと思うが、3人とも『継ぎたくない』というので銀行員だった女婿の伊藤歩を後継社長にした」

「ともかく中小企業の社長はサラリーマン経営の大企業と違って、儲かっているときはいいが、儲からんようになったときのしんどさは半端でない。伸るか反るか、会社と心中するぐらいの覚悟がないとても務まらない」

自伝からは、企業目的は「永続にあり」とする創業者の企業観がひしひしと伝わってくる。ゴーイングコンサーン（going concern）の考え方が、実践を通して後継者を鍛える一方、糖化分野の進出で見せた三和オリジナルにこだわらせ、そのために積極的に中小企業であろうとしたように思える。

三和澱粉の社員数は200人余。異性化糖工場が稼働したころとあまり変わっていない。アットホームな社風は少人数の賜物といえるし、「同歓共苦」の経営にはちょうどいい規模なのかもしれない。

「200人ぐらいなら社員一人ひとりの名前はもちろん、家族構成まで頭に入る。今は会長に退いたので入社し立ての若い社員のことはわからないが、社長時代は全員のことがインプットされていた。社員は、社長が自分の家族のことまで知っていると思いもしないから、何かの折に家族のことなどを尋ねたりしていると、いざというときの社員の受け止め方は違うようだ」

森本は貸借対照表の資産の部に社員の〝やる気〟という資産ができるといいたげだ。

近年、研究職として京大や阪大、ノーベル生理学・医学賞の山中伸弥で有名になった奈良先端科学技術大学院大学などから入社するようになっている。森本は景気の悪いときこそ採用を増やせといってきた。不況期に入ってきた人材は「人財」である、と。

「待遇をよくしないと人は働かないというのがオヤジの口ぐせだった。事実、県内や同業他社と比べても給与水準は高かった。最近の学生は大概インターネットで企業のホームページをチェックし、どういう会社なのかを理解して就職活動する。そんな学生にアピールするポイントは、ひとつが給料だろう」

今も続く誕生日会

同社は年2回の定期賞与とは別に業績賞与というものを3月に支給する。清一に提案したところ「少額でも構わないから是非やれ」といって応援してくれたという。

支給方法は少し工夫している。銀行振り込みでなく、現金を手渡ししている。金額は業績次第なので年によって増減があるが、社員の喜ぶ顔を見ていると赤字にできないという思いが強くなるそうだ。無配は社長をしていた三十数年で1度だけとか。

給与面の待遇のよさは、製造部門で働く高卒社員の定着率の高さとなって表れている。「中小企業は従業員がよく辞める」という嘆きにも似た声を耳にするが、事三和澱粉に限っては当てはまらない。

「三和に就職したのも何かの縁だから長く勤めてほしい」という創業以来の方針を今も堅持する。入社式に親を招待するのはその一環で、自分の子ども

入社式で挨拶をする森本（平成6年）

がどんなところで働くのか確かめてもらったうえで、経営陣と新入社員、保護者の3者で食事をする。それもこれも中小企業ならではのことだ。

創業者についてしばしば並外れた洞察力（先見性）や決断力があげられるが、それを認めたうえで森本は少し違った見方をする。清一の姿を通して経営者としてもっとも重要であると教えられたのは、信義を守るということだった。

千載一遇の好機――。第一次石油ショックのとき、ご多分に洩れずデンプンも品不足になって価格が高騰した。世情が騒然とするなかでその気になれば高く売ることもできたのに、浮足立つ顧客企業に対して清一は足元を見るような真似はしなかった。

入社して間なしの森本はそのときのことを鮮明に覚えており、当たり前のことを当たり前のこととしてやり抜いたところに清一の事業家としての真骨頂があり、成功の秘訣があるのだと考える。

森本に社長を譲ってから清一が後見したのは7、8年。昭和60年ごろには独り立ちしたと判断して細かく口出しすることはなくなった。清一を安心させたのが三和澱粉の稼ぎ頭で、オリジナル製品第1号の高純度結晶マルトースの開発だった。そしてマルトースは帝王学で伝授された「一業専心」の成果でもある。

◇オリジナル製品の開発型企業を模索

一業専心とは創業の事業であるデンプンにこだわり、デンプン工業の流域整備に徹することにある。清一には工場中心で、現場から離れずにひとつのことを続けていれば自ずと道が開けるという信念があった。「神は現場に宿る」とでもいえばいいのか。その背中を見て育った森本もまた、現場に通じた企業人である。

現工場長の和田守はいう。「社長（伊藤歩）が不在のときは代わって会長（森本俊一）に業務報告をする。大概は黙って聞いているが、時折口にする質問が的を射ていることに驚かされる。何年も第一線から離れているのにポイントを外さないのは現場のことが体にしみ込んでいるとしか思えない」。

稼ぎ頭のマルトース（商品名サンマルトーS）はこうした現場主義から生まれたものだ。製造開始は

マルトース工場竣工披露パーティで挨拶をする森本

新工場が完成した昭和59年11月。森本が社長になって初めての大仕事である。

甘味抑制や防腐、色素安定に効果があるマルトースは、デンプンを液化酵素で加水分解したときに生成し、砂糖の3分の1の甘味度をもつ。グルコース（ブドウ糖）の分子が二つ引っ付いた二糖類で、グルコースとフルクトース（果糖）の分子が引っ付いた同じ二糖類の砂糖と諸物性は似ている。

研究開発をリードしたのは、異性化糖で清一の高度な要求に応えた工場長の吉野だ。糖が専門の吉野は日本資糧時代に特殊なスプレードライ（噴霧乾燥）という方法で含水結晶ブドウ糖の開発に成功していた。その技術をマルトースの製造に応用したのだ。開発に要した期間は2年。アメリカはじめ6カ国で製法特許を取得した。

ここでも清一は三和オリジナルにこだわった。「先発メーカーのやり方を真似してはアカン」といって吉野に発破をかけた。その姿勢は最後まで揺るがなかった。

創業者のいう先発メーカーとはバイオ関連の林原のことだ。三和澱粉が企業化するよりはるか昔、昭和43年（1968）に別の方法で開発して市場を独占していた。マルトースは同社の専売特許のようなものだった。

そこへ新規参入である。しかも国際特許を取得した三和澱粉の製造技術だと低コストで生産できるうえ、製品は純度92パーセント以上の、これまでにない高品質を誇る。溶解性にもすぐれている。三和が生産をはじめるという情報をつかんだ林原から業務提携の申し入れがあった。このままではやられると判断したのだろう、三和澱粉のマルトースを全量引き受けて販売するという。

提携交渉を任されたのが森本だった。単独でもやって行く自信はあったが、無理に価格競争することもないということで申し入れに応じた。有り体にいえば三和澱粉はマルトースのユーザーについてはまったくの地理不案内。商社を通じて林原の先を行かなければならないというハンデがあった。

そこへ行くとパイオニアの林原はユーザーの事情に通じている。例えば患者の術後回復液。主にブドウ糖・電解質液が使われるが、ブドウ糖の輸液よりマルトースの方が体内に入れたときの効力が長持ちする。林原はマルトースを大塚製薬に供給し、大塚が回復液をつくって医療機関に納入していた。

業務提携に踏み切ったのは正解だった。短期間のうちにマルトースの売り上げが全体の1割を占めて有力商品に成長する。ところが唐突に平成23年（2011）2月、林原が創業者一族の粉飾決算などで会社更生法を申請して倒産した。

降って湧いたような出来事である。韓国企業が林原を買収するといったうわさが流れたりしてやきもきさせられたが、最終的に化学品専門商社の長瀬産業（大阪市西区）がスポンサー企業に名乗りを上げ、林原を完全子会社にすることで一件落着した。

長瀬産業とはもともと酵素の取引でつながりがあったし、引き続き三和澱粉との提携事業を推進しようという意向が確認できた。結果オーライというのが森本の率直な感想である。

曲折はあったもののマルトースの成功は、高付加価値製品の開発企業という新たな経営の道筋を示した。

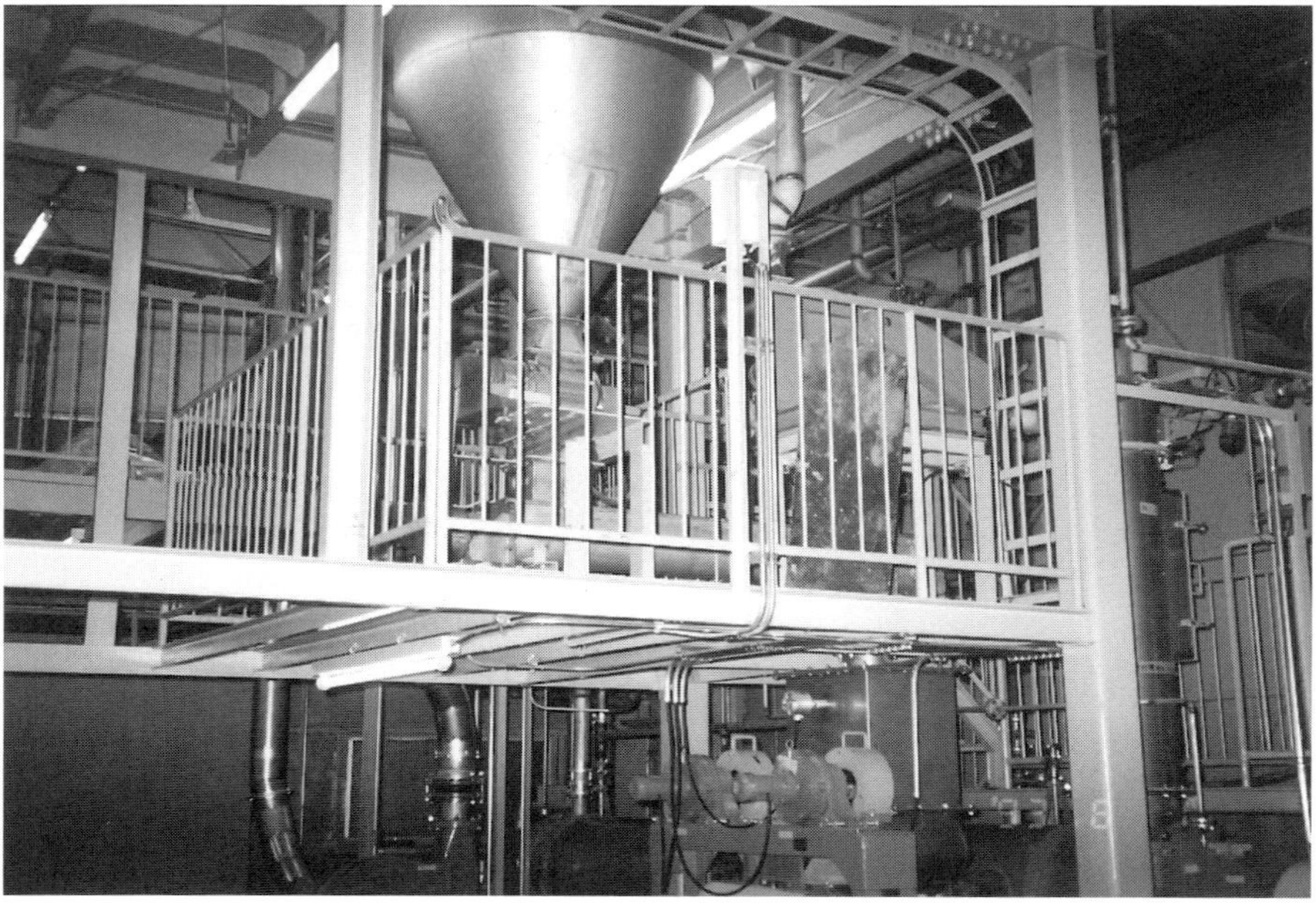

マルトース工場設備

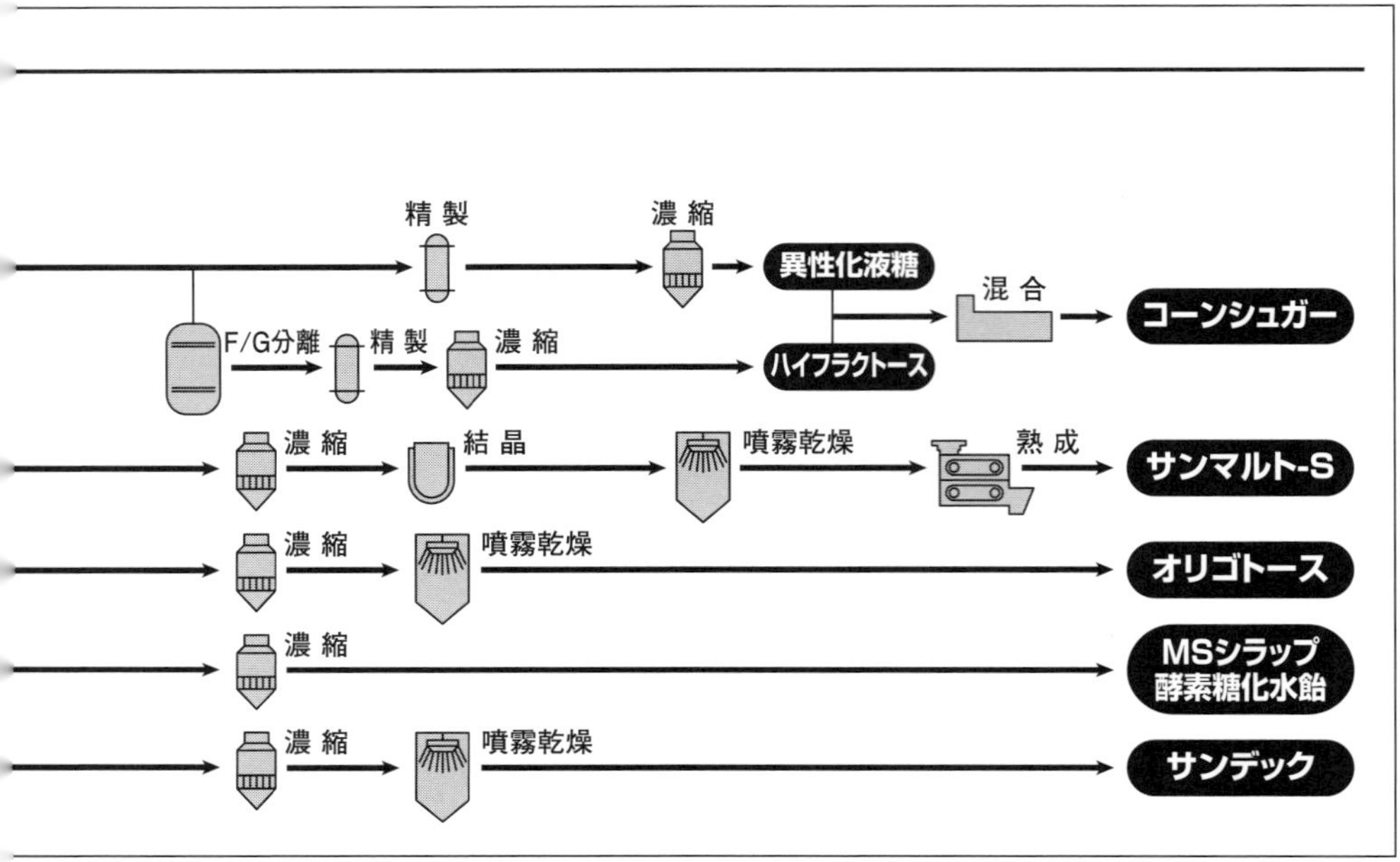

（図2）糖化製品製造工程図

独自の技術に裏打ちされたオリジナル製品を充実していけば価格競争を回避できる――。経営者として独り立ちした森本のセカンドステージのはじまりである。

同社は業界でも製品の種類が多いことで定評があった。その裏には創業者のえもいわれぬ中小企業者らしいバランス感覚が働いていた。

「オヤジは爆発的な売れ行きの製品は必ず追随するメーカーが出てくるといって敬遠していた。たとえ人手がかかって利幅が薄くても競争の少ない製品のラインアップを増やしていこうという考えだった。コーンスターチがデンプンの主流になるとわかっているのに、小麦デンプンも引き続き製造したのはその表れだ」

市場があまり大きくなければ他社は多額の投資をしてまで追いかけてこない。ある程度の市場規模さえあれば、需要の伸びがさほど見込めなくても利益は安定するというのだ。

デンプン業界は三菱商事や三井物産など商社系列の大手が多い。親会社の豊富な資金力をバックにする大手に、体力勝負に持ち込まれたら中小企業はひ

糖化製品製造工程図

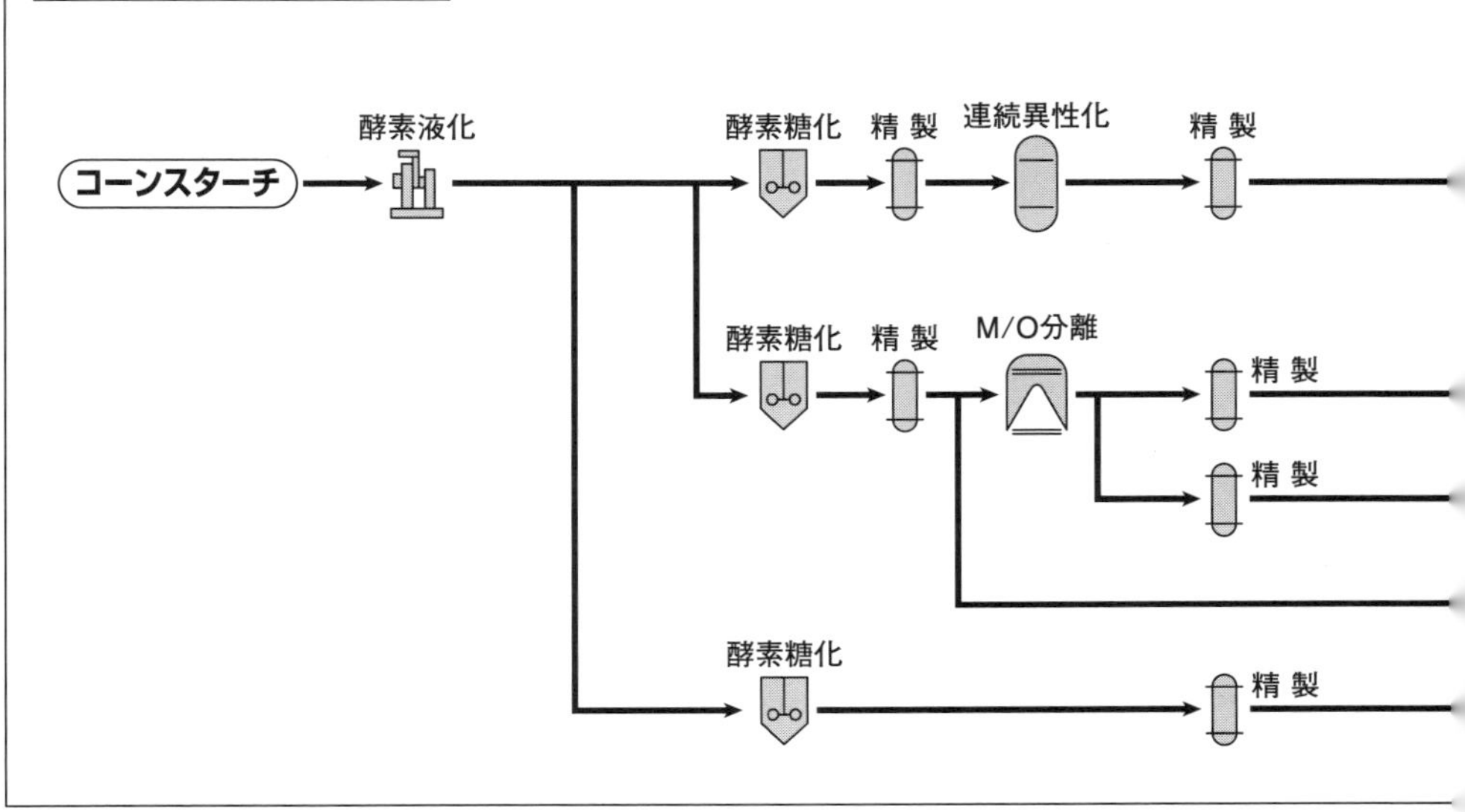

とたまりもない。

だから清一は、先を読んで他社のやっていないことに取り組めと口を酸っぱくして話していた。中小企業が生き残る道はそれしかない、と。

現在、同社の製品部門はコーンスターチ、食品用加工デンプン、食品用デンプン、さらには糖化製品、製紙向けなどの工業用加工デンプンなど多岐にわたる。そのなかで収益の柱になる高付加価値製品となると、筆頭は国際特許をもっていたマルトースだ。未だに三和澱粉が唯一のメーカーである。

ほかにはデンプンを液化酵素で加水分解し、精製後にスプレードライで粉末にしたデキストリン（商品名サンデック）がある。

こちらはマルトースと違って競合企業が3社ほどあるが、三和は独自の製法で水に溶けやすく、かつ粘性が低い高純度デキストリンを開発しており、スープなど粉末製品の粉末化基材や食品の増量・増粘剤、あるいは被膜形成剤、つや出し剤など用途は広い。

と、開発型企業の面目躍如といいたいところだが、実際にはマルトース、デキストリンの〝ツートップ〟

に続く稼ぎ頭となると暗中模索の状態だ。大学との共同研究に力を入れているものの、これといった企業化できるような製品は生まれていない。

「大学の先生方は実験室でできたものは必ず製品化できると信じているようなところがあって、事業採算を重視しなければならない企業との認識ギャップは大きい」そうだ。

要するに「研究」をする大学と、「開発」をする企業とでは目的意識が違っており、それでも果実を手にしようとするのであればお互いに目的意識が違うことを前提に共同研究する必要があるのだろう。

一例をあげれば業界ではじめて三和澱粉が量産化に成功した糖類のアラビノース。トウモロコシの皮から分離・精製したL―アラビノースは、砂糖分解酵素（スクラーゼ）の働きを抑制する作用があって、砂糖の摂取による血糖値の急激な上昇やインシュリンの分泌を抑える効果が望める。

しかも甘味度が砂糖の半分で味質が同じとくれば糖尿病の予防・治療剤にという期待は弥増す。折から生活習慣病がクローズアップされ、なかでも糖尿病患者の増加が社会問題化していることを踏まえ、独立行政法人科学技術振興機構から助成を受けて平成16年に量産化に乗り出した。

ここまでは目論見どおりだった。だが新しい機能性糖質として食品や医薬品、健康食品など幅広い分野で使われるという触れ込みとは裏腹に、10年経っても売り上げは思ったほど伸びない。とてもツートップに続くような製品にはなっていないのである。

◇新しい事業の〝芽〟を探して

森本は会長に退いてから暇を見つけてはバイオ関連企業の面倒を見ている。いずれもベンチャービジネス特有の難しさがあるが、それでも関係する3社のうち2社は経営が軌道に乗ってきたと顔をほころばす。

1社は肝炎診断薬の開発を手がける「特殊免疫研究所」（東京都文京区）。栃木県下野市の国道4号線沿いに工場があり、年間売り上げは7、8億円と小さいものの常時、1億円ほどの利益を計上する。同社は京都大の後輩だった故中村徹雄が脱サラではじめた医薬系のバイオベンチャーで、中村に支援を頼まれて経営に関与するようになった。

もう1社は「バイオフェニックス」（広島県東広島市）。広島大学発のベンチャー企業で、ヒトの肝細胞で置換された、ヒトにきわめて近い肝臓を持つ「キメラマウス」（Chimera mouse）を使った新薬開発の受託試験サービスを事業の柱にする。世界初という触れ込みの、特別なキメラマウスを育て上げるノウハウをもっており、製薬企業がキメラマウスを新薬開発の臨床実験に使うと開発の精度とスピードが上がるとのことだ。

残る1社が創薬ベンチャーの「バイオメディクス」（東京都文京区）。創薬ベンチャーは、自ら新薬を開発して販売するか、あるいは開発に一定のメドが付いた段階で製薬企業に権利を売って収益を確保するというビジネスモデルをもつ。成功すれば大きな利益が見込める半面、失敗する可能性も高い。抗体医薬品開発の同社も、他の創薬ベンチャーと同様に〝ハイリスク・ノーリターン〟である。

余談ながら日本投資政策銀行の調査レポートによると、ここ数年、創薬ベンチャーは負のスパイラルに陥っている。先行するベンチャーの黒字化が遅れて時価総額が下落し、ベンチャーキャピタルなど投資家はリターン（投資収益）が得られないことから継続投資が難しくなり、これがさらなる時価総額の下落、投資の抑制を呼んでいるのだ。

バイオベンチャーは三和澱粉の本業から派生したものではない。あくまで森本の個人的な人脈に起因する事業である。が、デンプンには面白い分野がたくさんあって、本業と直接の関係がないからと無下にしていたのではせっかくの〝芽〟を摘むことになりかねない。

面白い分野の一例がプラスチック。原油を精製したポリエチレンやフェノール樹脂のような石油由来のプラスチックが一般的だが、それをバイオマス生分解性プラスチックといってデンプンを原料にしたプラスチックで代替しようと開発に挑んでいる。

現実は、他のデンプンメーカーも取り組んでいるものの、石油由来のプラスチックに似たものはできても、水や熱に弱いといった品質面の問題がある。製造コストでも太刀打ちできない。アメリカでトウモロコシ由来のバイオエタノールがガソリンへの混入を認められたように、法的なバックアップがないと企業化は難しいと森本はみている。

それでも「自然から生まれ、自然に還る」バイオプラスチックの製品はエコ容器と呼ぶにふさわしい話題性がある。廃棄した際、微生物によって水と二酸化炭素に分解され、土に還る特性は環境への負荷がきわめて小さい。

「環境五輪」を旗印にした、1994年のノルウェー・リレハンメル冬季オリンピックで、ポテトスターチ（イモデンプン）からつくられたトレーが公式食器に採用されたことがその証左だ。

閑話休題。独立行政法人中小企業基盤整備機構が運営するポータルサイト、J-NET21の「元気なモノ作り中小企業300社」（平成21年度版）に同社が取り上げられ、次のように紹介されている。

「三和澱粉はトウモロコシを原料としてコーンスターチや加工デンプン、糖化製品を一貫して製造している会社である。昭和22年の創業以来、社会環境の変化に対応し続け、開発型企業を目指して高付加価値製品の開発を推し進めてきた。近年は一般食品素材メーカーから新しい生理機能素材などの事業へ広く展開している。

日本の総人口の減少期を迎え、従来の食品素材から社会の要求に応じた高付加価値食品素材や環境にやさしい工業用途素材の開発に取り組み、社会に貢献できる会社を目指す」

三和澱粉の将来を窺わせる内容が含まれているので、掲載が5年前と少し古いのを承知で全文を掲載した。森本は同社の将来像を次のように話す。

「最近は消費者の健康志向が強い。デンプンメーカーにとって市場規模が2兆円ともいわれる健康食品分野は大いに魅力があり、三和澱粉ならではの機能性食品素材を開発できれば将来は明るいだろう。その代表的な製品が消費者庁から特定保健用食品（トクホ）に認定されているアラビノースだ」

トクホというのは、例えば「お腹の調子を整える」といった特定の保健目的が期待できることを表示した食品で、認定には消費者庁が生理学的機能の有効性や安全性を個別商品ごとに審査する。

森本によると、近年は認定に必要な手続きが繁雑になって詳細な試験データなどが欠かせない。その分企業の金銭的な負担は大きくなり、確実に売れる製品はともかく、モノになるかどうかわからない製品に大きなカネをかけるわけにはいかない。その見極めが難しいという。

マルトースやデキストリンはかなりの確度で行けるという見通しがあったが、機能性食品素材はそこがまったくわからない。それでも面白いものはいくつかできている。一例をあげれば江崎グリコと平成17年に共同開発した、高機能素材の酵素合成アミロース。すぐれた生分解性に加えゲル形成能力やフィルム形成能力をもっており、高機能フィルムやナノテクノロジー分野など幅広い産業への応用が期待される。いつか大化けする日を森本は楽しみにしている。

◇装置産業の宿命と向き合う

来し方の40年を振り返って森本が思うのはデンプン業界のメーカー数が激減していることだ。と同時に競争の質もまた大きく変化している。

デンプン企業は装置産業の宿命としてある程度まとまった量のトウモロコシを潰さないと人件費を含めコスト高になる。三和澱粉の場合で1日平均800トンほど潰している。それが100トンであっても同じ数だけの人員が要る。

製品の出荷風景

従ってこれまではいかに製造コストを下げるかを競い合っていたが、メーカー数が減って工場設備もそう変わらない現状では、競争は製品でどれだけ差別化できるかという方向に移ってくる。

一方、市場は飽和状態から人口減少時代を迎えて縮小に向かう。従来の少品種で量をこなす生産が通用しなくなり、生き残るには多品種で、付加価値の高い製品の開発は待ったなしだ。付加価値製品の売上比率をどう上げていくかが最大の経営課題である。

森本は今日の事態は予測できたとして企業規模の割に要員を含め研究開発に重点投資してきたという。売上高270億円の中小企業に5億円の研究開発費は分不相応なほど大きいとも。

しかし研究開発に力を入れたからといって製品が日の目を見る確率は低い。そのことを承知のうえで、それでも将来に備えてタネをまかなければならない。新しい時代を迎えた装置産業の宿命なのだ。

「ええ加減で芽の出るものをつくれ」と、森本は冗談がてら研究部門のスタッフに声をかけるそうだが、それは紛うことなき経営者の本音である。

しかもこれまでトウモロコシの価格上昇は円高によって救われてきたが、1ドル100円台の為替相場を思うと、これからは原料高とも向き合わなければならない。課題は山積している。

「オヤジもそうだったが自分も楽観主義者。先走っていろいろ心配しても仕方がない、問題が起こったときに最善の対処をしろというのがオヤジの教えだった。自分もそういうつもりで経営してきた」

経営者としての自身をこう総括する森本は20年前、人生観が変わるような体験をした。平成7年（1995）1月の阪神大震災である。50歳だった。神戸のディーラーのご母堂が亡くなったのを目の当りにして思ったのは、世の中は人知の及ばないことがある、何が起こるかわからないということだった。

事実、震災を契機に大企業の不倒神話が崩れた。それまで銀行や商社は倒産しないとして、今のような直売でなく商社経由で自社製品を売っていた。薄口銭は与信管理を商社に任せる保険料ぐらいに考えていた。それが、震災の2年後に東食（現カーギルジャパン）が倒産。億を超える額の損失が出た。人知を超える何かがあるということが身にしみてわかった。

それから震災と同年のオウム真理教の地下鉄サリン事件。次いで2001年のアメリカ同時多発テロ。

50歳を境にしてそれまでに経験したことのないことばかりが起こる。とどのつまりが東日本大震災だ。

そう考えると戦後の復興期から高度成長時代を通して一代で大企業を起こした企業人は能力があったけれども、やはり運に恵まれていたのだという。「オヤジもその一人だ」とも。

私事にわたるが、筆者は阪神大震災の取材で多くの経営者に震災とどう向き合うか問いかけてきた。返ってきた答えは大半が「（関東大震災以来）70年に1度の自然災害に危機管理を含めて備えをすることは現実問題として難しいだろう」だった。

人生観が変わったと言い切った企業人は初めてである。そこに経営者としての森本の感性を見る思いがする。「経営はアートである」という言葉が頭をよぎった。

（敬称略）

脇本　祐一
（記・2014年11月）

撮影　柴田ヒデヤス

森本　俊一　三和澱粉工業株式会社会長　　略　歴

昭和20年　7月　奈良県生まれ
昭和44年　3月　京都大学工学部卒業
昭和44年　4月　三和澱粉工業株式会社入社
昭和53年11月　同社代表取締役社長
平成22年　4月　同社代表取締役会長

（公　職）奈良県選挙管理委員、橿原商工会議所会頭、（公財）奈良県暴力団追放県民センター理事長、（公社）葛城納税協会会長、（社）奈良経済産業協会副会長、元奈良県公安委員長、元橿原市公平委員

（資　格）会計士補免許取得

女性が伝え届ける郷土の『おいしい』

株式会社 柿の葉すし本舗たなか
会長 田中《たなか》 郁子《いくこ》

撮影　柴田 ヒデヤス

本社・工場

会社概要

本社所在地
〒637－0014
奈良県五條市住川町1490番地
TEL：0747-26-3131　FAX：0747-25-1550

設　　立　昭和48年（1973年）年5月
資 本 金　4800万円
代表者名　取 締 役 会 長　田中 郁子
　　　　　代表取締役社長　田中 妙子
従業員数　261名
事業内容　柿の葉すし・五条楽・その他すしの製造・卸・販売
売 上 高　31億2700万円（平成30年3月期）

奈良県南西部、和歌山県境に接して五條市がある。大きく蛇行して流れる吉野川が市域を東西に分け東には日本一の柿の生産地西吉野の緑豊かな山並みが控えている。かつてこの川は吉野地方の木材を組んで下る筏流しが行われ、紀州方面からは海産物を上流へ運ぶ重要な水運路でもあった。その中には鯖も含まれ内陸に住む人々にとって貴重な蛋白源となった。郷土にもたらされる鯖を酢と塩と柿の葉を巧みに用いてつくられてきたのが「柿の葉すし」である。

五條の風土と家の台所を預かる女性によって育まれてきたこの郷土の味が父である田中修司（以下修司）によって商品化され、長女田中郁子（以下田中）によって全国に伝え届けられる『おいしい』に変貌を遂げていく。「株式会社柿の葉すし本舗たなか」（以下「たなか」）設立から45年、年商約30億円、店舗数33店、従業員２５０人の規模となり、「柿の葉すし」は奈良漬け、三輪そうめんと並ぶ奈良の名産品となった。それは田中の祖母フサに始まり母・孝《たか》・娘・郁子へ繋がる女性による郷土の味「柿の葉すし」のブランド化への道筋でもあった。

奈良五條の地に明治29年高田駅を起点とする南和鉄道の五条駅が開設された。その２年後紀和鉄道の乗り入れで和歌山と繋がりさらに明治37年、王寺・高田駅間の路線を営業していた関西鉄道が南和鉄道と紀和鉄道からの路線譲受けにより王寺・五条駅間が１本の線で繋がった。その後関西鉄道は国有化され王寺・和歌山市駅間は国鉄和歌山線と呼ばれるようになる。

田中の曽祖父・徳松が五条駅前で一膳めし屋を開業したのは、このような鉄道の目覚ましい発展によって五條の町が徐々に変わろうとする明治36年頃のことであった。関西地方のたとえで奈良は「大和の普請倒れ」というが、徳松はその普請を統《す》べる大工の棟梁であった。そのため抱えていた多くの職人の日々の食事の賄いは妻のヨシの仕事で、それがいつしか立地の良さも手伝いめし屋を始めるようになった。

徳松の後、祖父・義信は妻のフサとともに先代と同じようにして棟梁とめし屋の両方を継いだ。昭和20年終戦間もなく義信が早逝し残ったフサが女手一つで店を切り盛りする。そんな中、旧制の五條中学を卒業し市内の料亭で修業を終えた修司は若くして桜井孝と結婚、フサの店を継いだ。孝は和歌山県粉河で仕出しと魚を商う家に生まれ料理が何よりも得意、料理人の修司の格好のパートナーとなった。

五条駅前店（昭和40年代）

修司は、夏の期間だけ店の食堂のメニューに加えていた「柿の葉すし」をなんとか年間を通じて販売できないかと考えた。夏場しか手には入らない柿の葉の保存方法を考案、握り飯大のすしをひと口サイズにして女性でもスマートに食べられるようにするなど、企画は修司、すしづくりは孝が主となり「たなかの柿の葉すし」は世に出た。すしは、孝の実家紀州の味で少し甘めのすし飯が「柿の葉すし」にはよく合った。

この頃、大和タイムス（現奈良新聞）で「大和のうまいもの百選」に選ばれるなど、五條に「たなかの柿の葉すし」ありとして次第に認知され、五條の新しい土産物として売れ始めた。

修司が景色の良いところで「柿の葉すし」を食べてもらいたいと和風レストラン「よしの川」を開店したのは昭和45年高度成長期の時代、「和食のさと」（大阪のすし半）等とほぼ同じ時代ファミリーレストランの先駆けであった。すしは早朝作業、レストランの終わりは夜の21時、孝は修司の唯一の愉しみであるたった1合半の晩酌の相手をしながら、ひたすら翌日の鯖をすいた。22時からの遅めの夕餉ではあったがそれは二人にとって明日のための大切なミーティングの時間であり、将来の商売の夢を熱く語る修司の傍らで、それを単なる夢に終わらせないよう寝る間も惜しんで働く孝の姿がそこにあった。

多忙な両親に代わり孫達の世話を見るのは必然

的にフサとなっていった。フサは理屈をこねるより、自分がしてみせて背中で教える実践方式の教育であった。「欲しいものは買《こ》うたらあかんよ、でも要るものは買《か》わなあかん」「欲しいものと要るもの」の違いを幼子にわかろうはずもないのに、これが口癖。また、「頭が振れないと尻尾は振れませんで」と、組織の長のあり方をも説いた。フサはすべからく自分の生き方でそれを示す人でもあった。明治人の気骨を常に意識して暮らした18年間であったと、田中は言う。

創業者 田中修司

◇　◇　◇

昭和47年春、田中は京都女子大学短期大学部に進学のため人生で初めて五條を出た。過激な学生運動が日常化したこの時期、学生の街京都も例外ではなかった。一人娘を外へ出す修司は半ば強制的に田中を安全な大学の女子寮に入れた。

全国各地から集まった寮生の言葉、考え方、家庭環境など五條とはまったく違うことを知らされ田中にとってそれは文字どおりカルチャーショックであった。

田中は、授業を終えると七条通りにある寛永年間創業の鰻雑炊店「わらじや」でアルバイトに励んだ。高額のメニューが並ぶ京都の伝統料理の味や製法、全国各地から訪れる客のあしらい、店の準備から配膳、片付けや清掃など京都の老舗での体験は他所で働いたことがない田中にとって唯一貴重な経験となった。「わらじや」との年賀状の交流は40年以上を経た現在でも続いている。

小さい頃の想いは社会科の先生になること、そんな夢も孝の「社会の先生は山ほどいてるけど、ウチは他人様に来てもらって商売をしておるのに、他所で働くなんて……」の一言に教授推薦されていた就職先のことなど口にすべくもなかった。

短大を卒業後、至極当然のように家業の「柿の葉すし本舗たなか」の一員となった。京都での充実した日々を経験した田中にとって五條に戻ってからの生活は時計の針が止まったように平凡で倦怠感を覚えた時期も少なからずあった。しかし、結婚して出産、子育てと家庭環境の変化が少しずつではあるが、田中の気持ちに微妙な作用をもたらしていった。

「柿の葉すし」は、五條の西吉野地域でとれる渋柿の葉がもつ防腐効果を利用して飯に鯖をのせ重石《おもし》をし発酵させてつくる「なれずし」の一種。重石をすることで鯖の旨味をすし飯に移すとともに、柿の葉の香りをしみこませて鯖の生臭みを取る。柿の葉の成分を実に効果的に活用した人間の知恵が詰まった郷土食である。

「柿の葉すし」は家庭でつくる料理、そんなものが果たして商売になるのか。郷土の食の伝統を継承すると心に決めて会社までつくり専業化した修司に対し周囲は冷めた目で見ていた。

田中はこの頃の父・修司について語る。「五條の誰もが『柿の葉すし』の存在を知っていたし、やろうと思えばいつでも商品化できたはず。でも誰一人として挑戦する者はいなかった。後で自分もやればできたと口で言うのは簡単だろうけれど誰が商品化を最初にやるかが肝心、父の偉大さはそこにある」と。

修司は、長方形で小ぶりなサイズのすしに鯖以外に鮭や鯛の切り身をのせて種類を増やしたり、鯖の

手づくり桶詰め作業

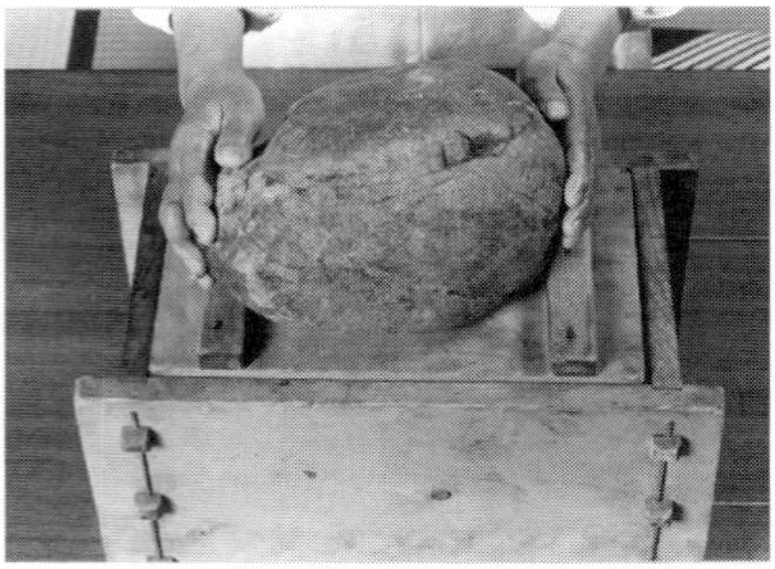

手づくり押し作業

苦手なお客様のために色鮮やかな6種類のすしを自ら「五条楽」と命名し販売を始めた。現在も使われる「たなか」の包装紙やロゴは修司の恩師、花野五穣の手になるもので、CI（コーポレートアイデンティティー）をすでにこの時代に確立していった。

「成功するまで止めないのが失敗しないコツ。一番不利なことからスタートすれば自ずから努力しなくては追いつけない。追いつこうと一生懸命やっていたら加速がついてきていつの間にか先頭に出ている」と修司は言う。

田中も元来企画をするのが好きだ。「何もないところから組み立てるのが楽しい」と言う。習うことが大の苦手で不器用なところは親子でよく似ている。「人のとおりにやることが下手ならば自分でやれば習わなくても第一人者になれる」。自分の思い描いたとおりに物事が展開していく様に大いに興味がわいた。前例や既定値があるとかえってそれに縛られて、やりにくいとさえ言う。

それは、クセなのかも知れない、いつも考える、それがどうしたら出来るのかを考える、完成形を描きながら、それはどこから始めればよいのかを考える。パーツを作ってカタチを作るのではなく、先に思いを描いておいて柱を立て屋根をのせ壁を作り仕上げていく。設計から材料積算、完成までやる大工の棟梁の血であることをやはり意識してしまう。田中家伝来のクセがぼちぼち頭をもたげてきた。

昭和50年代に入り女性の社会進出や宅配便の普及で時代の追い風を受けて事業は拡大していく。昭和54年、昭和天皇・香淳皇后両陛下へ中宮寺門跡より「たなかの柿の葉すし」の献上という栄誉に与《あずか》ったことが大きな自信となり、翌年の大阪難波の高島屋、阿倍

本店での製造作業（昭和50年代）

野近鉄、阪急百貨店への出店等、「たなか」の知名度と信用力は格段に向上した。地元においては十津川、吉野、高野山と観光立地の大型店をロードサイドに展開し多店舗化により売上は増大していった。

一方で、その結果として店舗増に対応する増産体制の必要性に迫られたが手作業中心の工程だけに従業員の長時間労働は避けられなくなっていく。さらにその後の恒常的な労働力不足はさらに重い課題としてのしかかってくる。田中は、現場でこの状況をつぶさに見そして実感していた。

昭和58年、田中は専務取締役に就任する。五條本店の立ち上げに参画したのが最初の仕事であった。入社して10年、30歳の時である。この時点で修司は実質的な経営を田中に任せたのである。修司はもっぱら五條の「まち起こし」に傾倒していく。後年、その功績が認められ五條市で初の名誉市民表彰を受けることになる。

田中は専務就任直後に起こった辛い思い出を吐露する。5月の連休、最終日1日を休みにしたいと思い、「売り切れご免」覚悟ですしの製造数を大きく減らした。案の定品切れが発生した。遠方から来たお客様から「せっかく遠い五條まで足を運んだのに」と厳しく叱責された。田中はその叱責にいたたまれず、一人娘の妙子を連れて母校の砂場に駆け込んだ。なぜか涙があふれそれが砂の中に吸い込まれていった。

五條本店外観

その涙は怒りとか悔しさからくるものではなく、自分が休みたいがためにお客様のことを考えず「うちのすしを売ってやっているのだ」という自分自身の驕りと浅はかさが悲しくてやりきれないという思いが募ったからであった。この時初めて田中は、「柿の葉すし」が自分の家のものではなくお客様に求められている「たなかの柿の葉すし」であり、『おいしい』を追求される社会的な存在になっていたことに気付いた。この「砂場の涙」こそ、その後の田中の商いへの意識を変えた最大の転機であった。

専務になってからも田中は商いの方法を考え続ける。おいしい「柿の葉すし」を求めるお客様の声にどのように応えるか。田中は、よく「たまたまそうなった」という言葉を口にする。数値目標をかざして邁進する一般的な経営手法はとらない。売上を狙いにいくと必ずお客様は逃げていく。お客様に喜んでいただくことを一番に小商売《こしょうばい》を積み重ねてきた結果「たまたま」会社が大きくなったのだと。

「たなか」の製造ラインは深夜から始まる、京阪神の百貨店、各駅構内の売店への出荷は早朝の3時半から、消費期限しか持たない商品を扱う会社の宿命とはいえ、輸送には大いに時間がかかる。「なぜ五條を出ないのか?」この質問に「五條の地を離れては、この味にはできない」と即答している。もう一つのこだわりは重石をすること、重石は「柿の葉すし」づくりの要諦、すし飯と鯖と柿の葉の三味一体の味を作るのが重石の役目。重石がなければ味の馴染まない柿の葉で包んだだけのすしになる。重石をすればすしの見栄えが悪くなるが他社はどうであれ「たなか」にとってここは譲れないところであるらしい。

テクノ工場の新設にあたって、田中は富山の「鱒すし」、金沢の「笹寿司」等、ポイントである製造現場に出向いてつぶさに観察し、類似する製造現場に出向いてつぶさに観察し、『おいしい』=味を阻害する要因を徹底的に洗い出した。そこで出した結論は、家内工業の手法をオートメ化にすることであった。人間が知恵を出し手を加えてやっている工程をきちんと機械に置き換えていく方法を選択した。そのため機器は「たなか」のオリジナルが大半を占めた。当然投資コストがかかり多額の資金を必要とする。だが、田中がこの結論に至るのに躊躇することはなかった。

投資は全体で12億円を超える額になった。取引金融機関のほかにも融資制度で利用できるものは徹底して利用した。山のような審査書類をその都度提出しプレゼンテーションを行う、田中にとってそれはとりもなおさず奈良の地方の小さな会社がこれから成し遂げようとする構想の意味の大きさと重さを理解してもらう絶好の機会でもあった。田中は果敢に挑戦し粘り強く折衝した。その結果、（一財）地域総合整備財団（ふるさと財団）の無利子貸出制度や農水省の中山間地域活性化資金から必要な資金を調達することに成功した。さらに工場完成後も、業界で最も早く現場の近代化を進めたと高く評価した大阪中小企業投資育成株式会社が「たなか」の第三者割当増資を引き受けた。こうして田中の描いた新本社・工場計画は実現可能となったのである。

　田中のオートメ化の決定に修司はゴーサインを出す。平成4年、テクノパークなら工業団地に移転・新設された新本社・工場は田中の現場を見る目に裏打ちされた「たなか」の将来を見通したグランドデザインでもあった。田中は、女性管理職を数多く登用、新工場には自社開発し特許出願した「柿の葉すし」製造機を中心に女性従業員を配置した。

　「たなか」の心臓部ともいうべき製造現場は女性の手で回る巨大な食品工業の様相を呈している。

　新工場稼働から10年後、もう任せても大丈夫と修司は社長業を田中へバトンタッチする、同時に県から眺望の良いレストランとして認定された和風レストラン「よしの川」の経営を長男義人に任せた。

本社工場内部

◇　◇　◇

　田中は、平成14年5月社長に就任する。バトンを渡した修司は、これまで携わってきた五條の「まち起こし」に専念する。

　修司は、明治維新のさきがけともなったといわれる天誅組顕彰への取組みが契機となり現在の「ＮＰ

O法人うちのの館」の理事長として俳人藤岡玉骨の生家である登録有形文化財「藤岡家住宅」の保存・管理運営事業に晩年の全てをかけて取り組むようになる。同館の行事でレストラン「よしの川」で振るった料理の腕を時折発揮するという。そんな時、パブリック・サービスに奉仕し第二の人生を嬉々として送る修司に、第1回「あしたの奈良大賞」の受賞の知らせが届いた。

登録有形文化財「藤岡家住宅」

　田中は、現場が好きだ。現場で気付き机で考えてそれを実践しに、また現場に戻る。田中は仕事に対して満足を知らないと言う。不満足であることで、「まだまだもっともっと」と追いかける、満足を知らないことが次の仕事への起爆剤となるのだと言う。今日出来ないことであっても明日はまた違うやり方でやってみる。「出来ない理由を探すくらいなら、どうしたら出来るのかを考えた方が絶対楽しいよ」と社員にいつも言っている。

　社是「味は心」は修司が中宮寺門跡から授かった言葉、経営理念の「顧客満足、従業員満足、社会奉仕」は専務の時代に掲げた田中の命題である。

　田中は、単調になりがちな店先に変化をもたすため柿若葉や照葉で包んだ「季節を愛でる柿の葉すし」や、五條の夏祭りの各家庭のご馳走であった「柿の葉すし」を再現した「むかし柿の葉すし」、新春を寿ぐ席の「迎春すし」等を考案するなど商品開発に余念がない。

　毎年、開催される「柿の葉すし手作り講習会」も25回を数え、「うちのの館」で行われる五條の夏祭りを味わうランチサロンも好評、新企画として柿狩りツアーも平成26年の秋よりスタートした。ＴＶ、雑誌などマスコミの取材にも要請があれば可能なか

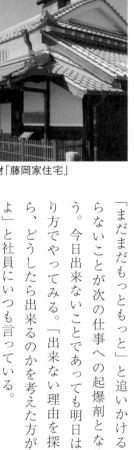

ぎり応じている。ホームページでは契約農家でのすし米の生育状況を定期的にアップしている。また呼ばれて講演に赴くこともたびたびである。事前に必ず時間をかけて講演の要点を整理し、聴衆に分かりやすく理解してもらうことを心がけている。

本来であるならば、地域産品のブランド化は地方自治体が農林水産物の付加価値を高め生産を拡大することを目標として行われることが多いが、「柿の葉すし」のブランド化はありきたりの官主導ではなく一企業の努力の結晶といえる。

また、顧客満足と社員満足は表裏一体、社員の満足なくして顧客満足は成せないとの思いから年間を通じて従業員対象のイベントを開催し、社員をゲストと位置付け多種多様のもてなしをしている。毎月の誕生会、親睦旅行、春は花見、秋は芋煮会、節分の粕汁、ひな祭りのぜんざいの振る舞い等、社員との交流も賑やかである。

社長として「小商売の積み重ねが商売」を続けて9年後の平成23年、近鉄奈良駅前の東向商店街入り口に「なら本店」を開業した。かつてそこには大きな三笠まんじゅうで有名な「湖月」があった。青春時代、田中がその奥にあった甘党喫茶に足しげく通ったという思い出の一杯詰まった場所でもある。年間1千400万人の観光客が国内外から訪れる奈良市の玄関口に念願の出店を果たしたのだ。

父修司とともに「なら本店」の店頭に立つと特別の感慨が押し寄せる。田中は話す。「五條から奈良まで距離にして約50キロメートル、父娘で歩いて25年、1年に2キロメートルのペースとすれば1日わずか5メートル。その歩みはカタツムリより遅かった」と。祖母フサから「得と損があれば、迷わず損をとれ」と教えられ、ビハインドから常に考えること、努力することの大切さを悟り走り続けた半世紀であった。「たなかの柿の葉すし」は、奈良漬け、三輪そうめんと並ぶ名実ともに奈良を代表する名産品の地位を確立しブランド化を果たした。

田中は、「なら本店」をおもてなし満載の店にした。とくに試食、手荷物の一時預り、傘の貸出し、多目的トイレ、奈良情報のミニ・ライブラリー、携帯やカメラの充電サービス等々女性ならではの温かい心配りが店内の隅々まで行き届いている。

春、秋の観光シーズンともなると「なら本店」は来店客で溢れる。「店前に立っておまえも手伝え」と田中に指図する修司の声に父の率直な喜びが田中にも伝わってくる。

なら本店（奈良市）

◇　◇　◇

平成26年寒さもことのほか厳しい年末、「たなか」の工場は例年どおり深夜からフル稼働であった。当然のように田中も工場の現場にいた。しかし、社長として年末の作業をやるのはこれが最後となる。

おせちの添えとして、「柿の葉すし」のシンプルですっきりした味を楽しみにしているお客様がいるかぎり、「たなか」の工場の年末作業の灯は消えることはない。「何年やってきても、年末を迎えるのは怖い」と田中は言う。「同じ年が二度とないように、いつも初舞台の気持ちでその時を迎えている」のだとも。この年は1年間で最大の売上を記録したが、まだまだ改善の余地はあるという。不満足という結果が明日へのやる気の導火線となるのだ。

しかし平成27年からは違う。あともう少しに挑戦するのは田中ではなく一人娘の妙子。田中は、たとえ話で次代へのバトンタッチを説明する。「両親は大きな石をなんとか持ち上げた。その石を私は止まらないように前から後ろから一生懸命転がした。さて次代の妙子はどうするのか。その転がる石に乗って落ちないように方向性を示さなければならない」。

さらに続けて「それぞれの役目が違う。両親と私の役目が逆だったら、両親が転がせば勢い余って石はあらぬ方向に行ってしまったかも知れない。この私ではその大きな石は持ち上がらなかったと思う」、そして最後に「それぞれ自分の代の役目があり、精一杯頑張って次代へバトンをつなぐことこそが大事」と締めくくった。

田中は、三十そこそこで専務に就任し今日まで「たなか」を実質的に牽引してきた。妙子もそのときの自分と同じ年代となった。しかし、田中は自らを「0《ゼロ》か100の人」と評する。母、孝との経験からも母娘間のバランスのとれた事業承継は無理だと言い切る。妙子には自分には出来なかった新しい「たなか」を創っていって欲しいと願っている。

それにしても、「たなか」は実質的に3代にわたって女性が舵取りをすることになる。田中は、「『柿の葉すし』は郷土の風土が生んだ家庭の味。そのつくり手は女性、だから伝統の味を女性が受け継いでいくのはきわめて自然な流れ」だと言う。そんな田中に平成23年日刊工業新聞社より優秀経営者賞が贈られている。

田中家・家族うち揃って

田中は社長引退後、やりたいことが一杯あって今から楽しみにしているようだ。数年前、修司の生涯を取材した朝日新聞のシリーズ記事を田中は改めて自ら装丁し「縁《えにし》」と題し敬意と感謝をこめて父に贈った。田中は人前でもはばからず修司のことを「うちのお父ちゃん」と呼ぶ。その響きはごく自然で外連《けれん》味《み》がない。「縁」は「お父ちゃん」の修司がことあるごとに口にする言葉である。縁によって今日の自分と「たなか」があるとする修司のライフワークはこの「縁」の冊子にすべて綴られているという。

田中は、一足先に公務員を定年退職した夫に38年間の感謝を込めて自分達のこれからを共にゆっくり考えたいと話す。いつか観《み》てもらった八卦見によると田中は仕事をしていないと健康ではいられないそうだ。困ったものだと言う一方で「仕事ほど面白い遊びはない」と断じる。

そんな話をしながら、田中はふともらす。「私も、『女三代記』なんていうのをライフワークにして書こうかしら……　早速、高野山の山裾、真田幸村で有名な九度山の田中儀助に始まる田中家のルーツをたどるフィールドワークをやろうかと思う」と。最後の最後までやる気満々の姿勢はどうやら崩れそうにない。

（敬称略）

奈良21世紀フォーラム
（監修・２０１５年４月）

撮影　柴田 ヒデヤス

田中 郁子　株式会社 柿の葉すし本舗たなか会長　略　歴

昭和28年	10月	奈良県生まれ
昭和49年	3月	京都女子大学短期大学部卒業
	4月	株式会社柿の葉すし本舗たなか入社
昭和58年	4月	同社専務取締役
平成14年	6月	同社代表取締役社長
平成27年	6月	同社取締役会長

（公　　職）奈良経済同友会副代表幹事、奈良県地域産業振興センター理事、奈良県立大学経営審議会委員、奈良県民栄誉賞選考委員会委員、奈良県公立学校優秀教職員表彰選考委員会委員、あしたのなら表彰及びビューティフルシニア表彰選考委員会委員

学研都市にリニアを！茶筌の里から切り開く未来

竹茗堂《ちくめいどう》 左文《さぶん》

代表 久保《くぼ》 昌城《まさき》

撮影　朝山 信郎

茶筌づくり

会社概要

所在地
〒630−0101　奈良県生駒市高山町6439-3
TEL：0743-78-0034　FAX：0743-79-1851
URL:http://www.chikumeido.com

創　　業　寛永10年（1633）
設　　立　昭和15年（1940）4月1日（竹茗堂）
改　　称　平成19年（2007）10月1日（竹茗堂 左文）
代表者名　久保 昌城（雅号 左文）
事業内容　茶筌・茶道具の製造・販売

主な出展
昭和59年（1984）10月　昭和天皇御前製作
平成20年（2008）11月　フランス ルーヴル美術館出展
平成21年（2009）4月　アメリカ ニューヨーク展出展
平成26年（2014）7月　フランス ジャパンエキスポ参加（製作実演等）
平成27年（2015）2月　アメリカ NY NOW2015参加（製作実演等）

茶道で使う茶筌《ちゃせん》は国内シェア90％以上を誇る奈良県の特産品。通商産業省（現経済産業省）の伝統的工芸品にも指定されている。茶筌の里・生駒市高山町で生産トップを走る竹茗堂 左文代表の久保昌城（＝雅号左文）は、室町時代から５００年の歴史と伝統を受け継ぐ茶筌職人であると同時に、地元商工会議所会頭として「なせばなる」の精神で地域経済を牽引《けんいん》するリーダーでもある。繊細さの中にひそむ強い精神力はどこで培ったのか。その人間的魅力にもふれてみたい。

◇リニア中央新幹線

東日本大震災が起きる前日、平成23年3月10日。京都市内のホテルで関西学研都市推進機構の評議員会が開かれた。生駒商工会議所会頭として出席していた久保昌城は、たまたま議長の京大総長が欠席していたことから、議長役をやらされることになった。議事の終盤、その他の事項で議長の久保は関西経済の地盤沈下を食い止めるには、京都・大阪・奈良、お互いに近隣同士が競いあうのではなく、協調すべきだと持論を述べた。地域限定の「こだま」タイプでなく「のぞみ」のように大半が止まる可能性がある場所、それにはリニアに相応しいビジネス乗降客の利便性を含め乗降客が充分見込める場所に、リニア中央新幹線の品川～名古屋・名古屋～新大阪駅までの早期・同時着工しかなく、関西財界として一丸となって取り組んでいただきたいと訴えた。当時理事長だった矢嶋秀敏島津製作所会長が「それでは中間駅はどこがいいのか」と聞いてきた。久保は「京阪奈が接し、地盤強固なこのけいはんな学研都市こそ適地だ。未来の乗り物は、未来都市にこそふさわしい」と提言した。

翌日に起きた大地震と大津波は東北地方に未曾有の災害をもたらし、今なお復興途上にある。東北の惨状をまのあたりにした久保は、東海道新幹線に代わるアクセスなしに、関西圏は予想される東海・東南海・南海地震に対処できるのかと一層強くその必要性を意識するようになった。

平成24年1月、生駒商工会議所の新年会で久保は「リニア駅誘致」をぶち上げる。それに追随するかたちで生駒市長も新年度予算に調査費を組むなど、行政も積極化する。「奈良市付近」とされるリニア駅をめぐり、北和4市の取り組みは生駒市が先行した。だが学研高山第2工区の打開をもくろむ市の思惑以上に、久保には「本来、世界に誇れる未来都市になるべき学研都市のこの地域がこのまま地盤沈下するのが我慢ならない」という熱い思いがある。

◇高山茶筌の歴史

室町時代に始まる茶道は日本文化史のみならず、政治の世界にも影響を及ぼした。千利休の言う「和敬清寂」の精神は「一碗の茶から平和を」という願いとはうらはらに、戦国の武人らを翻弄した。大和ゆかりの戦国武将・松永久秀は織田信長に名器を差し出せば謀反の罪を許すと迫られたが、拒否して信貴山城に籠もり茶釜を抱いて自爆する。時の政治に絡んだ利休自身も秀吉によって自死に追いやられた。

金や力にものをいわせて道具を集め、華やかに飾り立てる唐物趣味の「会所の茶」と対極にあったのが、村田珠光の「わび茶」である。珠光は、より精神的な茶の充実を目指した。これが後に武野紹鴎、千利休へと続き今日の茶道発展の系譜に連なっていく。

奈良・称名寺に在籍していた珠光は、抹茶を撹拌《かくはん》するのに必要な新しい道具を求めていた。近所に住み、連歌を通じて親しくしていた鷹山領主の次男・鷹山宗砌《たかやまそうせつ》に相談したところ、宗砌は竹を細かく割りその先端を薄く削って泡立てやすくした道具を考案した。これが茶筌の始まりといわれる。珠光は足利将軍家を通じ、茶筌を後土御門天皇に献上すると、天皇はその創意工夫をいたく称賛し、「高穂《たかほ》」の銘を賜った。伝え聞いた宗砌は喜び、高穂の「高」の1字をもらい受け、姓を鷹山から高山氏に、領地も高山と名乗るようになった。高穂で始まった茶筌は、千利休を経て多くの流派の創出につながり、多くの茶筌が新たに創られ120種にも達する。

その後、高山家は松永久秀に味方したため領地を没収されるなど変遷を重ねたが、徳川の時代になり元領主の頼茂が丹後の京極家に仕えることになる。そのとき地元に残ったのが久保らの先祖である。高山氏から許された家臣の16家が代々、独占的に茶筌の製作・販売を任されてきた。彼らは「無足人衆」（無扶持の地侍）を名乗り、現在も高山八幡宮に独自の宮座を占める。16家は苗字帯刀を許され、茶筌作りは親から子へ「一子相伝」のかたちで伝えられてきたのである。

高山茶筌の販路は、主として宇治木幡の茶問屋や京都寺町の茶道具店が取引先であり、挽き茶や茶道具とともに全国に販売されていた。

幕末から明治の変動期になると茶道の衰退とともに茶筌も次第に売れなくなった。維新当時は、1本の茶筌も売れない時期が続いたらしい。転業する茶筌師や家屋敷まで売りに出るなど苦難の時代があった。

だが近代化が進み、世の中が落ち着いてくると上流階層から茶道が回復してくる。郵便制度が発達すると、小包郵便を利用して各地から茶筌の直接注文が届くようになり、従来の京都経由から地方直送の数が次第に増加した。大正期に入ると高山茶筌が名古屋の一部を除いて国内市場を独占する。

『生駒市誌』によると明治12年に勧業博覧会出品を記念した碑が茶筌業組合により高山氏ゆかりの法

茶筌の里高山の竹干し風景

楽寺境内に建てられ、久保の曽祖父ら10業者の名前が刻まれていた（この碑は台風で崩れ昭和7年に新たに再建されている）。大正から昭和の時代には組合からパリ万博など世界各地の万博や国内の博覧会などに出品し、数々の栄誉に輝いた。

やがて富国強兵策による徴兵制は高山の里にも及び、長子の存続があやぶまれた。そこで近在の農家にも技術指導するようになり、技術移転が進む。さらに日中戦争、太平洋戦争へ突入すると茶筌師の家から召集や徴用される人が増えてきた。生産が追いつかなくなった組合は内部統制を緩め、一般人の下職加工を認めるようになる。徐々に新規業者の加入も許し始めた。

戦後は政府の物価統制令により公定価格や組合価格が設けられたため茶筌価格も統一され、流儀物として茶筌の形を統一された時代もあったという。さまざまな苦難を乗り越えながら、従来から続いてきた家内工業から外注加工へと、職人による分業方式に変わっていく。

以来、技術力がなくとも職人の輸入技術によって開業、増産のできる時代になり、業者も増え茶筌の製造は急増する。高度経済成長時代には花嫁修業としての茶道が最盛期を迎えた。一般人が広くお茶、お花をたしなむほか、企業の福利厚生の目的で茶道を奨励支援する場面もあった。茶道人口が膨らみ、町のいたるところにお茶やお花の先生がいた時代である。

大阪万博の１９７０年代には、業者も50軒ぐらいに増えた。需要に生産が追い付かない状態が続き、当時から業界トップを走っていた久保の「竹茗堂」だけで現在の2倍以上は売れていた。

ところが新たな問題が起きる。「高山茶筌」を名乗る外国産の製品が出回るようになった。国内シェア90パーセント以上を誇る高山茶筌の危機である。格安の韓国や中国製品の出没に脅かされた。当時、組合理事長を務めた久保は国に規制を求めたり、公正取引委員会よりの排除命令、内部統制を強めるなどしたが有効策はない。東京高裁における民事訴訟（独禁法・景品表示法・不当表示）で勝訴しても格安商品に需要がある限り根絶は難しいのが現状だった。

◇先代の苦闘と教え

久保は「おやじの生きざまが自分の人生に影響を与えた」と言う。父親の先代・左文（平成10年没）は、久保家22代・左京（幼名・為次郎）の三男として生まれ、苦難を乗り越えて独立。戦火激しい日中戦争のさなかに「竹茗堂」を設立した。左文は若くして父母を亡くし、茶筌作りの奥義を祖父の為蔵（21代・左京）に習った。為蔵も早く父を亡くし、妻にも先立たれて苦労した人だが、豪放な武士気質だったという。幕末から維新の動乱期に、茶筌の売れない時代にも茶筌を手放さず、田畑を売り食いしながら創作研究を続けていた。彼の作る「四十八種」や「煤白割込茶筌」は名人芸と称され好評を博した。久保の曽祖父にあたる。

家族での作業

昭和53年に左文が出版した『高山茶筌』は、私家版ながら再版・三版を重ねる名著だ。茶筌の歴史および製法・種類に至るまで茶筌作りの全容を集大成したものだが、本家・左京を継いだ次兄との不和も正直に記している。若いころから和歌に親しんだり、同人雑誌を出すなど文芸の才があったようだ。

左文は若いころから政治好きで、消防団や村会議員などでも活躍した。口数は少なかったが、一本気で向こう意気の強い人だったらしい。旧北倭《きたやまと》村（昭和32年、生駒町に編入）の青年団長や生駒郡の連合青年団副団長も務めた。独立自尊の気風の強い北倭村で国会議員の使い走りもしていたという。晩年、祖父から伝授された秘技を「高山茶筌全種」として完成させた。

◇アマチュア無線

左文は一女一男に恵まれ、待望の長男に「家を盛んにし、一代の城を築くような人物になってほしい」

との願いも込めて「昌城」と命名した。跡取り息子への期待の大きさが分かる。

久保は「貧乏ぼんぼん」で育ったと言う。北倭第一小学校の最後の卒業生だ。中学は姉と同じように私学へ行く予定だったが、発足した地元の生駒北中学校第一期生となった。高校は家業も考慮して商業科を志望したが、たまたま受けた帝塚山高校に義理を感じて入った。母親は通学用にホンダの50ccスーパーカブを買ってくれた。当時セル付きで5万3千円。高価な入学祝である。同級生の多くが自転車で通う中を、高山の自宅から近鉄富雄駅の自転車預かり所まで7分で走った。学園前駅にある学校までは「10分で行けた」という。

帝塚山高校では理科系のクラスで学んだ。そこで当時はやっていたアマチュア無線に熱中する。組み立てパーツを買うため大阪・日本橋へ通うのが日課になる。近鉄富雄～上本町は70円、上六～日本橋1丁目までバスで15円の時代。帰りの電車賃だけを残し、部品を買い集めた。物理・数学が好きで大学は理系と決めていたが、上京して早稲田大学理工学部第一電子工学科の受験に失敗するとあっさり進学を断念した。

親の意をくんで家業に従事した久保は、多くの茶筌師がそうしてきたように、父親の厳しい指導を受けて茶筌づくりに精を出す。職人として指先の微妙な感覚と繊細な技術を体得するには、若ければ若いほど有利だ。昔は高等小学校卒業と同時に弟子入りするのが普通だった。

久保は仕事の合間に趣味のアマチュア無線の免許を取得し、開局する。アンテナ工事など設備資金は母親が全部出してくれた。若くして家業を継いでくれる息子への感謝の気持ちからだったのだろう。毎日、ヨーロッパはじめ各国の無線仲間と交信するのが楽しかった。根気を詰める茶筌作りの毎日に格好の息抜きでもあった。ハム無線の技術は意外なところで役に立った。高校2年のときに襲来した第2室戸台風で家がやられ停電が続いたが、電話回線は自分でつなぎ復旧させた。

かつて茶筌作りは夜なべ仕事が主流だった。それは神経を集中する作業であることと技術の流出を防止するのが理由である。秘伝の技術は来客も油断できない。午前2時、3時まで仕事をする。茶筌師の集中する和田山周辺は「夜業の街」と言われた。「飛ぶように売れた」万博の年は忙しく、明け方まで作業することもたびたびだった。そんな忙しい中で昭和45年、妻を迎えた。近在で、家で結婚式を挙げた最後の組だったという。昼は近所の人が集まり、夜は親類縁者が祝った。24歳の時である。

◇園遊会に招かれて

平成25年4月17日、久保は妻の國子とともに赤坂御苑で開かれた春の園遊会に招かれた。そこで思いがけなく天皇陛下からお言葉をいただく。「奈良で茶道に使う茶筌を作っております」と申し上げたところ、「ああ、そう」と大きくうなずかれ、美智子皇后からは「どんな竹がいいのですか。煤竹もやっておられるのですか」とお尋ねがあった。久保は「多少苦労した竹が粘りがあってよろしいのです」と答えると、皇太子殿下ら皇族方からも次々にお声が掛かった。秋篠宮殿下からは「娘が今お茶を習っています」と心強いお言葉があった。胸に着けた「生駒商工会議所会頭」の名札よりも「奈良で」と申し上げたのが功を奏したのかもしれない。

久保は、ちょうど29年前の昭和59年10月に、奈良市の県文化会館で「わかくさ国体」の開会式に来県した昭和天皇の御前で、先代・左文が茶筌の製作実演を披露し、下問にお答えしたことを思い出した。恐れ多いことながら、代替わりされた天皇家とわが家が茶筌でつながっていたことに感慨深いものがあった。

昭和天皇の御前で製作する先代・左文（右）

◇経営理念と方針

「良い茶筌とは、使いやすく、耐久力があり、きれいな上に衛生的でなければならない」。これが竹茗堂の理念である。先代・左文も「良い茶筌とは、規格に合っていて、しかも、観た目にも綺麗である茶筌をいう。しかし、使う人の側からいえば、使い易く、耐久力のあることが一番の条件であろう」と著書に書いている。まず材質の硬く粘りのある竹を使い、使用中もあまり形がしぼまず、穂先の方からすり減るような茶筌でなければならない。究極の竹芸といわれ、「指頭芸術」とも称される茶筌は、消耗品であるがゆえに一本一本に込める「一期一会」の精神が必要なのだろう。

久保の座右の銘は「なせば成る」である。上杉鷹山が子息に与えた名言「なせば成る為さねば成らぬ何事も成らぬは人の為さぬなりけり」が原典だ。行動を起こさなければ決して良い結果に結びつかないという意味である。だから行動は早い。竹茗堂は沖縄をのぞく全国に400店近い特約店を持つが、商品の納入に問題があればどんなに遠くとも直接出向く。最終的に取引先に届くまでは生産者の責任。これがモットーだ。信頼関係をつなぐ労は惜しまない。

久保は「厳しい時代を生き残るには、他社との差別化を図るのが第一」と言う。15年前に始めた青竹の「真空パック」。マドラーとして使える柄の長い「黒竹長柄茶筌」、小さな抹茶椀に取っ手をつけたマグカップ風茶碗とのセット。「マグカップ・マドラーdeお茶」茶道具セット。合格祈願茶筌型ストラップ「おちやせん」（商標登録取得）などは、従来にない発想で挑んだ当代の新製品である。この「マグカップ・マドラーdeお茶」茶道具セットは近畿経産局の「ものづくり新撰2015」に選定された。

平成20年にパリ・ルーブル美術館に、翌年ニューヨークの展示会に茶筌を出展したところ、大きな反響があり、中小企業庁長官より「元気なモノ作り中小企業300社」として表彰の栄を受けた。根強い日本ブームやユネスコ無形文化遺産登録の「和食」とも連携して伸びるチャンスでもある。ただ輸出も難しい。専門知識と販売体制を整えないと個人では限界がある。これらは商工会議所レベルで取り組むべき課題だと考えている。平成26年夏、フランスのパリで開かれた「ジャパンエキスポ２０１４」に妻國子と共に渡欧、パリジャン・パリジェンヌ等の前で、新作茶道具の展示・製作実演・抹茶の接待等をし、大きな関心を集め所期の目的を達成した。これは衰退した茶道をパリで広め逆に日本に還流したいという願いから。翌年2月ニューヨーク「ＮＹ ＮＯＷ ２０１５」でも展示会を開催した。

久保は、どんな注文があっても「まず断らない」。これが自己に課した方針だ。物事を決してあきらめない。「全ての道はローマに通ず」、いろんな方法・方策を探す。「Ｂ型なのでくよくよしない」と言うが、「頼られると頑張るリーダー気質」という周囲の見方が当たっているのかもしれない。

◇生き残りをかける

茶筌業界の課題は、総需要本数を増やすこと。そのために茶道人口の増加が不可欠である。教育現場へ出向いて子供たちにお茶を知ってもらう「出前授業」も必要だ。また学研都市のけいはんなに設けられていた「私の仕事館」では茶筌づくり体験をも実施し好評を博したが残念ながら先年閉館された。これらは、お茶が日本文化の基軸であることを知ってもらい、心を豊かにする生活習慣になってほしいと願い、この事が結果として茶道人口の増加につながるとの考えからである。

外国製品の流入は、組合にとって頭の痛い積年の課題だ。素人では見分けの難しい粗悪品が混入すると産地には死活問題。以前、高山は純潔を守り、外国製を一切扱わないことを選択したが、大分県別府市では竹製品の輸入品も一括管理し「国産品」「輸入品」と明示・区分して流通させているという。高山産地としても混入を防ぐために「二刀流」ですみ分ける方法を選択したほうが良かったのかもしれない。

原材料の問題もある。たとえば表千家が使う茶筌の煤竹は、古民家のカヤぶき屋根の天井などに使用された１００年以上の竹を用いるが、年々入手が困難になっている。将来のために今ある物は買っておかねばならない。採算が合わなくとも先行投資が必要だ。材料だけは確保して生き残りたいというのが業界の共通した思いである。竹の繊維の強さ、粘りなどは生まれ育った場所によってみな違う。良質な原材料こそ命なのである。

◇活性化の起爆剤

平成25年10月、久保は3期目の生駒商工会議所会頭に選ばれた。業界はもとより地域経済全体のリーダーとして役割と責任の重さを痛感している。まず近鉄生駒駅前など核となる中心市街地の発展を図らねばならない。

商店街のシャッター街化を防ぐため、「100円商店街」や地域活性化を目指したグルメイベント「いまこいバル」、「まちゼミ」などの取り組みに手ごたえを感じている。全国各地で開催されている「100円商店街」は山形県新庄市で始まった。これらは入りにくい店に気軽に立ち寄る機会にしてもらい、こんな所にこんな良い店があったのかという商店街に地元住民を呼び戻そうという試み。「100円商店街」は関西では生駒が初めての取り組みである。

アンテナショップ「おちやせん」（ベルテラス生駒内）

春と秋に行ったイベントには商工会議所を事務局として観光協会など市内各種団体が協力し、帝塚山大や奈良女子大の学生がマップづくりに関わった。参加店舗も春の30から45店にまで増え北生駒にも広がっている。今後は全市的に展開したい。平成26年グランドオープンの再開発ビル・ベルテラスの中にアンテナショップ「おちやせん」をオープンさせた。南側の「セイセイビル」は新たに5階、6階を奈良県公社より会議所が取得した。さらに他のフロアにコンビニ店か喫茶店等を入れて訪客の利便を図れないか。

リニア駅誘致の横断幕（生駒市役所）

しかし何と言っても地域活性化の起爆剤はリニア新駅誘致である。平成25年9月29日、「生駒にリニア新駅を」と市の誘致推進協議会が発足した。生駒商議所はじめ自治連合会など30団体が参加。壇上に立った久保は「早期の東京～大阪間全線同時開業、高山地区への中間駅設置に向けて一丸となって取り組み、強力な運動を展開する」と決議文を読み上げた。

企業立地の切り札はリニア駅誘致であり、奈良先端科学技術大学院大学、国立国会図書館関西館を含む学研地域がさらに価値があるものとして活性化が図られる。リニア中央新幹線新奈良駅開業で「このエリアが新幹線の新横浜駅のような発展をするに違いない」というのが久保の持論であり、壮大な夢である。

（敬称略）

▼茶筌づくりの工程

茶筌の原竹は、堅く粘りのある淡竹《はちく》の2～3年生が良材とされる。

9月から12月にかけて切り出された竹を熱湯で煮沸《しゃふつ》し、油や汚れを取り、極寒の太陽に1カ月以上さらす。竹が白くなると取り入れて倉庫にしまう。使用するのは1年以上たってから。竹の根に近い方が穂先になる。寸法は3寸7分（11・2センチメートル）、3寸9分（11・8センチメートル）が主流。

【片木《へぎ》】節《ふし》上の半分くらいから先の表皮をむく。次に大割り包丁で半分、さらに半分と割っていくと16になる。これを1片ずつこじ上げ、包丁で皮肌と肉をわけ、肉を取り除く。

【小割り】16割の1片を大小交互に割っていく。一般的な80本立の場合は1片を10平均に割ると160本になり、太い穂が80本になる。

【味削り】小割りを逆に穂先の部分を湯で煮て、台の上に載せて内側の肉の方を根元から先になるほど薄く、100分の3ミリになるように削る。適当な薄さに削れると肉側に丸くなるようにしごき、形を整える。ここで茶筌の形によって削り方を変える。茶の味は、この味削りによって左右されると言われるほど一番難しい工程である。

【面取り】削り上がった茶筌の太い穂を1本ずつ穂の両角を薄く削って角を除く。これはお点前のとき茶が付着しないようにするため。

【下編み】面取りのできた太い穂を上げ糸で編んでいくと、内側の細い穂はそのままで外側の太い穂は開く。

【上編み】下編みのできた開いた穂を糸掛け2回回り、根元をしっかりかりするようにする。

【腰並べ】内穂を竹へラで内側に寄せ、穂を組み合わせて茶筌の大きさを決め、根元の高さと間隔をそろえる。

【仕上げ】穂先を曲げ直したり、それぞれの形に整え、根元から穂先までの高さ、間隔、穂向き等一切を直して出来上がり。

小久保 忠弘

（記・2015年9月）

撮影　朝山 信郎

久保 昌城　竹茗堂 左文代表　　略　歴

昭和19年11月　奈良県生まれ
昭和38年 3月　私立帝塚山高等学校卒業
　　　　 4月　竹茗堂入社
昭和55年 5月　竹茗堂代表
昭和62年12月　国指定伝統工芸士認定
平成19年10月　竹茗堂 左文代表(改称)

(公　　職)生駒商工会議所会頭、奈良県産業共励会顧問、高山茶筌伝統工芸士会会長、生駒市犯罪被害者支援連絡協議会会長、奈良県更生保護協会理事、(公財)関西学研都市推進機構評議員、NPO法人奈良県就労支援事業者機構理事、元生駒市PTA協議会会長、元奈良県高山茶筌生産協同組合理事長　他

(表彰・褒賞)
平成 7年10月　近畿通商産業局長表彰(伝統的工芸品産業功労者)
平成11年11月　通商産業大臣表彰(伝統的工芸品産業功労者)
平成19年 3月　日本商工会議所会頭表彰
平成21年 4月　中小企業庁長官表彰(元気なモノ作り中小企業300社)
　　　　 4月　経済産業大臣表彰(元気なモノ作り中小企業300社)
平成25年 4月　春の園遊会ご招待
平成26年 2月　地域再生大賞優秀賞受賞(地方新聞45社・共同通信社)
平成27年 1月　近畿経済産業局「関西ものづくり新撰2015」選定
　　　　11月　旭日小綬章受章

「よい品物には販路が開く！」先行投資型企業に見る先見性

第一化工株式会社

会長　小西《こにし》 敏文《としふみ》

撮影　朝山 信郎

本社工場

会社概要

本社所在地
〒630−8453
奈良県奈良市西九条町5丁目4番9号
TEL：0742-50-2222　FAX：0742-62-9707

設　　立	昭和31年（1956）10月
資 本 金	3600万円
代表者名	代表取締役会長　小西 敏文 代表取締役社長　三木 茂生
従業員数	156名
事業内容	各種プラスチック容器の製造・販売
売 上 高	30億円

日本の石油化学工業は1958年（昭和33）に本格的生産を開始し、1960年代に急成長を遂げ1970年（昭和45）にピークに達した。第一化工株式会社（以下第一化工）は、このわが国最初の産業経験を、生き抜いてきた会社である。いわゆる「親会社」「セキスイ」の協力工場から出発して、1970年代初頭、原料の根幹であるオイルショックを経験したが、常に最新技術を採用して、良質な製品を用意したことで、「常に先を見る」を、率先して行ってきた。

小西敏文（以下小西）とのインタビューで印象的だったのは、「百回言尽くすより、行動を見せる」との信念から、是非社長にと、粘り強く説得して他社から請うてトップの人材を求めた話である。小西の人材観として「人は経験・教育もあるだろうが、『資質』が大事」と言う。「心理的には他人に会社を渡すのが難しいでしょう?」と聞けば、「そんなことよりも会社の今後の方が大事です」と事もなげに返して来る。他社は後継者に苦労しているのだそうだ。新しい血を入れないといけない！　新入社員に求めるもの、これも何か一貫したものを感ずる、人格は持って生まれたものがある。だから、行動力・元気さ・明るさを求める。これが「智力」に繋がるとの考えのようだ。従業員は元気、忘年会も大変賑やかなのだそうだ。

◇身の回りの生活を支えるプラスチック製品

私たちの暮らしの中で、従来の天然素材に代わり、家庭・台所用品、食品容器、文具・おもちゃ、電気製品、情報機器、スポーツ・レジャー用品、住宅・建材・家具、医療機器、乗り物、農業用ビニール・フィルム、水産業での漁具、染料・印刷用インクなど、その多くのものが現在ではプラスチック製品である。第一化工は、このプラスチック業界の展開を体現する会社の一つである。

わが国のこの業界は、1940年代の戦後復興期に揺籃期を迎え、1950年代に塩化ビニール樹脂の生産が拡大、ポリスチレン、ポリエチレンなどの石油化学工業を基盤としてプラスチック原材料の国産化を軌道に乗せ、いわゆる高度成長期に規模を拡

地元高校で起業家精神を説く小西会長

大し、１９７０年代初頭のオイルショック時に一時落ち込んだこともあったが、１９９０年代末に再びピークを達成して、世界全体のプラスチック生産シェアにおいても、アメリカに次ぐ位置を占めるに至っている。

第一化工は、多岐にわたるプラスチック製品群の中でも、食品、洗剤、化粧品といった、私たちの日常生活に非常に近い製品の容器の生産を行う会社である。

会社の製品を象徴するもっとも身近でユニークな製品「アメデスーQ」をまず紹介しよう。

雨の日の光景、スーパーマーケットなどで、買い物客が全部傘をたたみ、床を水浸しにしないよう、ポリ袋に入れて建物に入るが、その後ポリ袋がゴミとなってしまう。これが何とかならないかと、斬新な発想から新機軸として登場させたものが２００９年（平成21）に発売を開始したアメデスーQである。アメデスーQは、電力や動力は不要、「環境に優しい」を地で行くものである。傘袋が生み出すCO_2はポリ袋1枚あたり12グラム、1軒のスーパーマーケットに

1日1千人の想定客数があり、また1年のうち雨の日が100日として、1200キログラムのCO_2を排出すると計算されるが、アメデスーQが使用するのは、重力と浸透圧という自然の力でしかない。この開発は、むしろ企業イメージの向上に大きく貢献しているのである。

◇創業―印刷機1台から始まった「自力」受注

第一化工は、「積水化学工業株式会社（以下積水）」の奈良工場内で、各種の加工を行う「加工所」として出立した。ホームページなどでは、「協力会社」と称するが、名は体を表すというように、バケツのポリペールにシールを貼る、冷蔵庫のフレッシュパックのラベルを貼るなど、コンベアでの加工仕事を、資本はゼロ、注文はすべて積水からといった形態で、あえて言えば、技術的なことはすべて積水に依存した形で行っていた。

初代社長は積水から赴任した西田安太郎、第2代は森田直郎で第一化工の生え抜き、その後第3代目として、1965年（昭和40）に入社していた小西が登壇することとなった。入社当時から小西は、積水一辺倒に依存する仕事に満足できなかった。「自分で考えて仕事をしたかった」と述懐している。

入社当時、積水奈良工場には、七つの加工所があった。この第一化工も、現在は「化工」としているが、当初は他の六つの工場と同じく「加工」、いわゆる「第一」番目の「加工」所だった。しかし、時代は高度経済成長期、日本全体がドンドン延びた、よき時代であった。仕事は毎日結構忙しく、組み立て、ラベル貼りの流れ作業で、女性の比率も高かった。

小西が入社してほぼ3年たち、転機が訪れる。哺乳瓶に「赤線」と「ピジョン」があったと言われてピンとくる人なら、ある世代に属すると判断される。当時日本には2種類の哺乳瓶があったのだ。「赤線」は、積水が生産し、成形されたボトルに第一化工が印刷を施し、包装、箱詰めにして出荷までを行っていたが、その「赤線」が潰れた。つまり、仕事が来なくなったのである。そこで余ってしまった1台の印刷機を使って、小西は積水以外の仕事を始めた。これがそもそも第一化工の始まりである。

◇受注生産への道

印刷機1台で小西は何を始めたのか？　積水以外のプラスチック容器に対する印刷である。哺乳瓶も広い意味では、2種類以上のプラスチックを混合して、より性能を向上させたポリマーアロイ、ポリカーボネイトだが、小西はこれまでの哺乳瓶での経験をもとに台所用洗剤容器への印刷に進出した。

一方で製造をやりながら、他方で顧客を開拓する。これまでの、いわば積水専属の仕事とは全く異なる。それまでの第一化工は、何を作るか、どう作るか、さらに支払いの確保などは、全部積水にお任せであった。言って見れば、経営者の天国のような状態と言えるかも知れない。ただし、仕事が継続的に与えられることが前提であったが。

小西は、その時代、積水以外の仕事をする場合には、印刷機1台を持って、「奈良市内の大宮、西大寺や県下の榛原などを転々としていた」と言う。「会社の中では積水以外の仕事はするな」だったのである。プラスチック製品に印刷を施すべく、大阪、兵庫、その辺りから仕事を集め、奈良に戻って印刷をする。すると次第に仕事が増え、印刷機は7台にまで増加した。そのうち小西は、「印刷だけではなく自社でプラスチック製品を生産すれば、もっと仕事があるのでは？」と考えた。「今となれば、単純な発想ですね」と小西は振り返る。それが第一化工のプラスチック容器生産の始まりである。

◇プラスチック生産加工メーカーとしての飛躍

第一化工のプラスチック容器の生産は、1971年（昭和46）に「ブロー成形を新規事業として開始」した（ホームページ）。ブロー成形とは、プラスチックの原材料樹脂から成形品を作る技術で、「中空成形」とも呼ばれる。

ブロー成形を始めるとまた景気が悪くなった。1973年（昭和48）のオイルショックが、ブロー成形を開始して2年後にやって来たのである。まず原料が入らない。現金を持って原料を買い付けに行く。お客さんに現金をもらって、それでトラックに乗って大阪の原料屋に買い付けに走る。先方は、こちらがメーカーと知ったら、逃げて行く、もう大変

本社工場製造現場

だった。積水も苦しくなり、仕事が縮小。会社ではこれまでの積水の仕事と、小西が開拓した仕事の比率が入れ替わり、後者のシェアが前者を上回った。積水の仕事をしていた七つの加工所は、結局、第一化工を除きすべて閉鎖となった。

第一化工では、ブロー成形でボトルを作ることに手を染めていたが、ボトルには必ずキャップがある。小西は、「このキャップも生産すればもっと受注が増やせる」と考えた。

インジェクションによるキャップの生産は、ホームページ上では「1989年5月射出成形部門(インジェクション)の増設」とあるが、ブロー成形に進出した場合と、「射出成形」と称されるインジェクションに参入したのは同じではない。前者は既存技術である印刷の側からのアプローチだったが、後者は新たな技術導入という企業独自の判断によっている。

小西によれば、一般に中小企業では、この両者を一緒に行う所はほとんどない。成形が異なる、場所も必要、技術設備も全然違う。ちなみに、プラスチック製造には、インジェクションとブローの二つの国家資格があるそうだ。双方の成形技術を兼ね備えた企業になることで、ボトルとキャップの一括受注生産が可能となり、売上も伸びると判断したのだ。

奈良市西九条町の本社工場ではブロー成形とボトルの加飾（印刷・ラベル貼り等）を行い、1999年（平成11）に倉庫用にと取得した第2工場敷地にインジェクション成形工場を移設した。当時の取引先には、直接取引ではないが、味の素、キューピー、花王、ハウス食品など大手があった。

製造容器の展示

一方、1991年（平成3）には、ボトルにラベルを直接金型の中で貼り付ける装置、「インモールドラベル機」を他社に先駆けて導入した。この時も、早過ぎて1年ほど仕事がない状態を甘受した。今ではこの技術を武器に受注を伸ばしている。

さらに1992年（平成4）には、「UVシルク4色印刷機」を導入した。これも当時の専業の印刷屋でもこの装備を備えた所はなかったもので、UV照射という技術を使い瞬時に乾燥が可能になり、4色の絵柄を一つのラインで連続に印刷することで工程が大幅に短縮されコンパクトになった。

同じ年に、「多層ブロー成型機」を導入した。プラスチック容器は、その用途によって、いくつもの層を重ねて一つの容器に成形するものである。入浴剤、薬品、化粧品などで、ガスバリア性、光沢を必要とする容器類にこの技術を使用している。

2006年（平成18）には、化粧品向けダイレクトペットボトルの生産を開始した。ストレッチブロー方式によって大量生産される食品や飲料水用のペットボトルとは異なり、化粧品などの容器の生産に使用される「ダイレクトブロー」と呼ばれる方式は、ストレッチブロー方式が1日何十万本もの生産を行うのに対して、せいぜい１日１万本程の生産量となる。

以上のようなたえざる技術革新に対しては、ドイツの各種スクリーン印刷機の世界的製造メーカーであるカマン社の製品を先行投資のつもりで導入している。第一化工にはよくあることだが、先進技術を他社に先駆け過ぎて、しばらく仕事がなかったことも一度ならずである。圧倒的な生産上の優位性を勘案してではあるが、非常に高価なため、これだけの機械を入れるなら顧客も何とか確保しなけりゃと、考えるようになる。通常の会社ならお客あっての生産を想定するが、先行投資を優先する第一化工では、「最新の機械があり、よい製品が出来て、次に販路が出てくる」という想定が元になっている。このユニークな発想こそが第一化工の他社にない特徴である。

カマン社製印刷機

◇アメデス－Qと後継者にみる経営理念－「智力」

先にも記したように、日本は四季の移り変わりが明確で、特に降水量が日常の挨拶にも話題となる国だが、外出の折に所持する傘の「しずく」をエコロジカルな方法で落とせる、環境にやさしい発明によって、特許第４２６８９９８号を取得したのが当社製品のアメデス－Qである。

雨の日にどこでも見かけるビニールの「傘袋」、これは生産にも、廃棄にもコストがかかる、厄介な代物である。アメデス－Qは、この雨の日のユーウツを、電気も動力も使わず、吸水性に優れた高密度フィルターと水はけのよいフィルターを二つ組み合わせた本体に雨を吸収してしまうというスグレモノである。

２００９年（平成21）３月の発売後、アメデス－Qの開発・製造・販売事業が近畿経済産業局によって中小企業新事業活動促進法に基づく「新連携事業計画」として認定を受け、翌年4月平城遷都1300年祭で会場内に設置されたこともあり、奈良県内の会社・事業所などで数多く採用された。それら事業所の出入口で、大振りの長靴のようなカラフルな姿をご覧の向きもあるのではないかと察せられる。

傘のしずく取りというこれまでの発想を異にするこの製品開発の背後に「環境にやさしく、無災害をつづける会社」という当社経営理念が脈々として流れていることをうかがい知ることができる。

アメデス研究所

ホームページの「社長のごあいさつ」で気になった現社長の三木茂生(以下三木)が語る「智力」について会長である小西に聞いてみた。「業界の未来を予測し、企業の舵を正しく取るための要素として『智力』を必要とされているのですか?」即座に小西の答えが返って来た。「その通りです」と。そして、小西は自らの後継者を三木に決定した経緯についてざっくばらんに語った。

「実は第一化工の古くからのお得意先であり顧客である凸版印刷の存在を忘れるわけにはいかない。草創期の苦しい時期に同社から仕事を頂いた。凸版印刷が扱っていた当時のナショ

三木茂生社長

ナルブランドの石鹸や洗剤のボトルへの印刷である。そうした付き合いの中から、凸版印刷の営業を担当していた三木にずっと前から白羽の矢を立てていて、自分の後継者は絶対に他社の人間であるこの人物でなくてはならないと考えていた。意識改革を100回繰り返し唱えるより、トップ一人を変えることに一番の効果があるとの考えからである。だから、かなり長い時間をかけて三木を口説いた。そして小西は、「何としても小さくとも『いい会社』にしたかった」と熱を込めて強調した。

第一化工の経営理念「いい会社」の一つに「お客様に信頼され、働きがいのある会社」がある。その実現のためには社員の技術力がなければ、他社に太刀打ちできないが、加えて「お客と話をする」だけの能力が必要であって、そうした社員を育てるためには、人柄、知識、資質など色んな点から見て申し分のない人物をトップに据え後事を託さなければならない。小西は、「こうしたことを考えると、単なる物知りの『知』ではなく、社員の手本となるような『智』をもって物事の本質を理解し、あらゆることに対処できる人物こそトップにふさわしいと考えた」と語り、「智力」に満ち溢れた「いい会社」づくりへの執念を披歴する。

仏教で「知」とは、ただ知っていることであるのに対して、「智」はものごとの「理＝あるべき姿」を理解して対処する力があること、また、「恵」は人にものを与えること、めぐむこと、それに対して、「慧」という字は「さとい」こと、「賢い」ことを意味すると、言われる。つまり、「知恵」よりも、「智慧」のほうが、より深い理解とそれを実生活に生かしていく能力を表すのだそうだ。第一化工が、「智」に価値を見出すのには、こうした考えが背後にあるのではないかと推測する。

◇海外進出―次代の人材を育成

第一化工は、海外事業の展開に積極的に取り組んでいる。2014年（平成26）11月にタイ・バンコク近郊（サムットプラーカーン県バーンボー郡バンプリー）で、中小企業5社の合弁企業グラセル・タ

タイ工場全景

イランドの開所式を挙行した。

その中で第一化工は、プラスチックボトルの成型部門を担当して、１００パーセント化粧品容器の製造と販売を行う。初の海外進出に暗中模索が続いてはいる。同年に発生した工業団地の水没災害の記憶も新しいが、それによって現地を引き揚げる話は１社も聞かない。タイという国の良さを物語る例である。

小西はタイへ送り出す人材には、「必ず会社の幹部になれ」と激励している。小西は、自ら印刷機１台で市場開拓に汗を流した若い頃の姿を、海外へ派遣する社員にだぶらせているようだ。自分の努力次第で市場は無限に広がる。そのため、海外の環境になじむことだけで終わらず、「その環境を自ら変え、市場を開拓していく努力を惜しむな」と言いたそうである。

◇むすび

第一化工は、「環境にやさしく、無災害をつづける会社」を標榜している。本社工場の屋上には、太陽光発電パネル８４０枚が搭載され、１枚あたり２４０ワット合計約２１０キロワットで、２０１３年６月に発電を開始した。目下、会社の省エネルギーと環境保全に大きく貢献している。

また、ＩＳＯ１４００１（国際規格・環境マ

本社工場屋上の太陽光パネル

ネジメントシステム）ＩＳＯ９００１（国際規格・品質マネジメントシステム）を取得している。この双方の規格・認証を受けていることは、中小企業として、誠に環境や品質に対して努力を傾注していることの証左である。

第一化工は、今や生活のすみずみまで浸透しているプラスチック製品で消費生活をさらに豊かにすることと地球温暖化防止による生活環境保全の両立を目標に、小西が先見性をもって自らの軌跡のその先に描いてきた「小さくとも『いい会社』」に向かって今後も飽くなき成長を続けることであろう。

（敬称略）

渡辺　邦博
（記・２０１６年３月）

撮影　朝山 信郎

小西 敏文　第一化工株式会社会長　　略　歴

昭和20年　3月　奈良県生まれ
昭和38年　3月　奈良県立山辺高等学校卒業
昭和40年　6月　第一化工株式会社入社
昭和60年12月　同社専務取締役
平成　4年12月　同社代表取締役社長
平成20年　1月　同社代表取締役会長

（公　　職）奈良商工会議所常議員、奈良経済産業協会理事、（財）奈良県社会保険協会評議員、（公社）奈良納税協会理事

奈良県最古の和菓子屋26代目
家訓を守り公益に尽くす

撮影　朝山 信郎

本店

株式会社 本家菊屋

社長

菊岡《きくおか》 洋之《ひろゆき》

会社概要

本社所在地
〒639－1134
奈良県大和郡山市柳1丁目11番地
TEL：0743-52-0035　FAX：0743-52-3026

創　　業	天正13年（1585）
設　　立	昭和34年（1959）5月 株式会社に移行
資 本 金	1000万円
代表者名	代表取締役会長　菊岡 成泰 代表取締役社長　菊岡 洋之
従業員数	52名
事業内容	和菓子の製造・販売
売 上 高	3億5千万円（平成30年6月期）

創業430年を超える国内有数の老舗和菓子司の社長菊岡洋之（以下、菊岡）は、伝統に安住することなく新しい分野にも積極的に挑戦する。家業を受け継ぎ、さらに発展させるためには、緻密な計画に基づく大胆な戦略も必要だ。若くして先代菊岡成《まさ》泰《ひろ》（以下、成泰）から会社を継承した26代目当主は、文化性の高い和菓子という本業を外れることなく、地域社会にも貢献する堅実な理論家である。

◇15万石の城下町

「菜の花の中に城あり郡山」。芭蕉の門弟、森川許《きょ》六《りく》の句で有名な大和郡山市は、柳沢氏15万石の城下町として知られる。柳沢藩は明治まで続いたが、許六の時代をさらにさかのぼる200年前の天正13年（1585）、豊臣秀吉の弟・秀長が入府して以来、郡山の町は飛躍的に繁栄する。秀長は、天下人に躍り出る秀吉の右腕として縁の下の力持ち的立場で兄を支え、転封前は播磨・但馬2カ国を領し、姫路城を居城にしていた。この時期に出入りしていた菓子職人が、本家菊屋の先祖と伝わる。お城から貴重な砂糖などの材料をあたえられ菓子作りにいそしんでいたようだ。郡山移封とともに秀長に付き従ってきたのが初代菊屋治兵衛である。

中世争乱の時代を経た郡山は、筒井順慶亡きあと伊賀へ去った筒井氏に代わり、大和、紀伊、和泉3カ国100万石の大守となった秀長（大和大納言）の入城によって、大城下町の経営が始まった。地理的に京・大坂に近い好位置にあり、豊臣政権を支える近畿のかなめとして、急激な発展をみたのもこの時代である。城下の繁栄を図るため、奈良の町で一切の商売を停止して、すべての商人を郡山に集める政策をとった。このため、寺社を背景とした中世以来の勢力が一時的には非常な打撃を

郡山城門

受けた。これに対して郡山は新興城下町として急速に発展する。

　豊臣政権の基礎が固まってくると、天正17年には秀吉は諸大名に在京を命じ、その妻女も人質として3カ年京に留め置く政策をとった。このころ天下人の弟で宰相秀長の居城としての郡山城に諸国大名が訪れるのも頻繁となった。三河の徳川家康、豊後の大友宗麟、安芸の毛利、小早川、吉川の諸大名が相前後して訪れ、茶会もたびたび催されている。秀長の茶事については『津田宗及茶湯日記』『宗湛日記』にも登場し、彼も相当の数寄者《すきしゃ》であったことがうかがわれる。

◇「お城の口餅」と呼ばれて

　本家菊屋の代表的な銘菓「御城之口餅《おしろのくちもち》」は、秀吉が郡山を訪れた際、もてなしの茶会を開いた秀長が、出入りの菊屋治兵衛に茶菓を命じたところ、治兵衛は工夫を凝らし、粒餡を餅で包んできな粉をまぶした一口サイズの餅菓子を創案した。秀吉はおおいに喜び「鶯餅《うぐいすもち》」と名付けよと命じた。これが今日、各地の和菓子屋に並ぶ「うぐいす餅」の原形だという（ちなみにウグイスの羽毛は茶色なので、きな粉を緑色にするよりも茶色の方がふさわしい。緑はメジロのイメージであろう）。

　以来、時を経て郡山城の大門の入り口で、評判のうまい餅を売る店を開いていたことから、誰言うともなく「お城の口餅」と呼ばれるようになった。これが由来。秀吉ゆかりの鶯餅の名で商いをするのは遠慮したようだ。

　「御城之口餅」は、餡ときな粉と軟らかい餅の織りなす絶妙の口当たりと、ほど良い甘さが万人の舌鼓を打つ。小豆は大粒の大納言、もち米は近江産、きな粉は厳選した青大豆。それぞれ吟味した材料しか使わない。その

御城之口餅

評判は各地に広がり、郡山はもちろん大和を代表する銘菓として永年その人気を保ってきた。茶人や文人墨客、庶民に至るまで、その上品な甘さを愛してきたゆえんである。

◇堯山公「一口残」の軸

江戸時代に入り、柳沢家の治世になっても菊屋は城への出入りを許され、御用を一手に引き受けてきた。なかでも3代柳沢吉光（堯山）公は名君の誉れ高く、文武の興隆・殖産事業の発展に努めたが、菊屋の先祖とは次のようなエピソードが残る。

店主があるとき、お城に菓子を納めた折、堯山公に一筆書いてほしいとお願いしたところ、「一口残」と横書きしてくれた。これは「菓子がおいしかったから、後で食べる分を一口だけ残しておこう」という含意であった。「求めに応じて書く」と添書きがされている。当時、親交のあった出雲の茶人大名・松平不昧《ふまい》公と並び称せられた数寄者にふさわしい洒脱ぶりである。菊屋の先祖と殿様の親しい関係を示す逸話だ。この書は長らく額に入れて当家の仏間にあったが、今は先代の成泰が軸装にして家宝としている。茶室の小間に飾るのにちょうどよい大きさだという。

堯山公「一口残」の軸

「御城之口餅」ファンの話をもう一つ。

平成26年2月、大和郡山市が制定する「水木十五堂賞」を受賞した書誌学者の肥田晧三氏（大阪・島之内在住）は、やまと郡山城ホールで行われた第2回授賞式のあいさつで「郡山に来たのは戦前、奈良の博物館へ来て以来。帰りに菊屋の城の口餅を買いに寄ったことがある」と語った。開口一番に出た言葉が「御城之口餅」であった。水木賞は、大和郡山市が地元の著名な博物学者で大コレクターの水木要太郎翁（号・十五堂）を顕彰して創設。第1回受賞者には、博物学者・小説家の荒俣宏氏が選ばれている。

◇百貨店に入社

菊岡は、関西学院大学商学部でマーケティング論を学んだ。卒業後は平成4年に奈良そごうに入社する。バブル景気はまだ続いていた。「奈良最大級の都市型デパート」として期待と注目を集め、開業してまだ3年余りの若々しい会社であった。最初は外商部に配属され、奈良市西部などの外回りを担当していた。営業の仕事を中心に丸3年。けっこう楽しく「まだまだ覚えることもあり、もっと居たかった」が、跡継ぎの将来を心配する親戚筋から、早く連れ戻して商売を覚えさせたほうがよいという声が強まり退社する。

奈良そごうは立地の問題や初期投資の過重負担などが原因で、平成12年末に閉店した。

家に戻ってからは、一から製造現場で働いた。餡の豆を炊き始めるのは午前3時半ごろ。約3時間ほど大鍋で煮ると、それをすりつぶし、水にさらす。これを何回も繰り返し、絞った素餡に砂糖を入れて炊く。長時間の重労働である。冬は寒いし夏は熱い。まぜているうちに餡がはね、手足にやけどをしたり水ぶくれができたり、けっこう危険な作業でもある。当主として現場を一通り把握した。

以後、管理・販売など各部門を経験し常務、専務を経て平成21年に父の成泰（25代目・現会長）から社長のバトンを受け継いだ。42歳だった。

400年以上続く老舗の御曹司として、跡継ぎの重圧はなかったのか。菊岡に聞いた。

「洗脳というんですかね。子供のころから周囲が自然と跡継ぎを自覚させるように仕向けていったようです」。古い従業員から早いうちから「26代目」と呼ばれても、初めは何のことか分からなかったが、次第に慣れていった。だから思春期に進路で悩んだり、親に反発することはなかったという。

◇「五訓《ごくん》」の精神

菊岡家には代々伝わる「五訓」と呼ばれる家訓がある。内容は「御公儀に御奉公せよ。余分な土地は持つな。余計なことに手を出さず、本業に徹すべし」といった地味なものだが、お城出入りの看板を持つ商家の心得として大切にされてきた。菊岡にも、その志が脈々と受け継がれているのであろう。

「御城之口餅」は本家菊屋の看板商品であると同時に、奈良を代表する銘菓と言っても過言あるまい。何といっても本家菊屋は「大和で一番古い和菓子屋」なのである。だが４００年間、同じ味、同じ形を墨守してきたわけではない。絶えず時代の動きに合わせ、顧客の嗜好《しこう》に敏感に反応してきた。歴代の当主の中には奇抜な発想で事業展開を図り、失敗して廃業の危機に陥った人物もいたようだ。だが中心軸には「本業に徹すべし」という五訓の精神が貫かれ、何度も困難を乗り切ってきた。

先代から家督を継いだとき菊岡は、まず商品パッケージの見直しから始めた。中でもその際考案した「御城之口餅」の6個入り小箱は、少人数向け需要

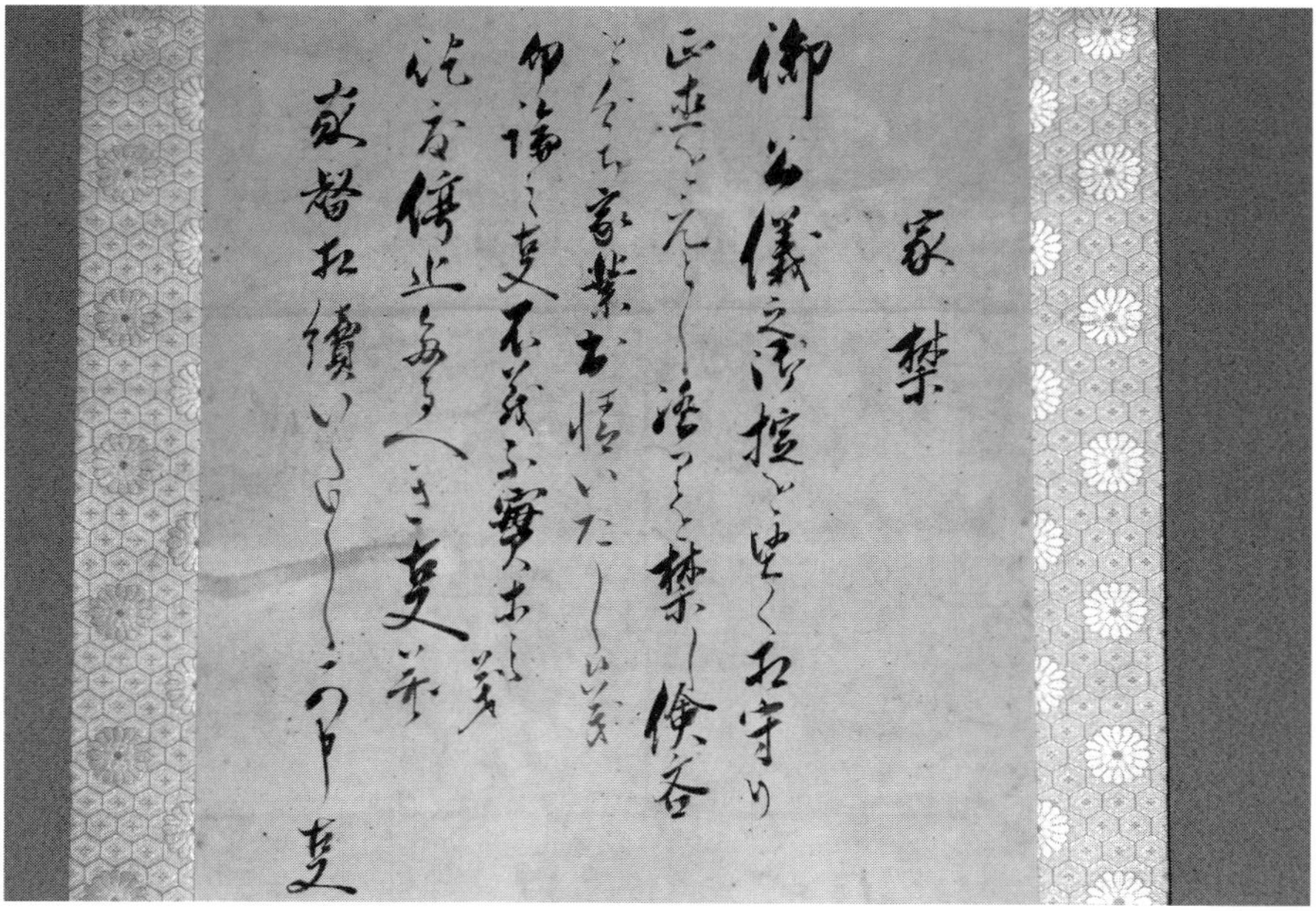

「五訓」の軸

戦前の店頭風景

にマッチし、おしゃれな装丁とあいまって好評だ。これは売れ筋商品の乳菓「菊之寿」と組み合わせて一つの箱にセットで収まる工夫をしたので、両方食べたいというファンに喜ばれている。さらに従来の商品を廃番にするなど大幅に整理した。変えることに社内から抵抗もあったが押し切った。

◇茶道を身近に

菊岡は家業だけではなく、地域や業界の役職を進んで引き受け、さまざまな活動に忙しい。茶道裏千家淡交会青年部の近畿第一副ブロック長として奈良支部のまとめ役を果たし、茶会の裏方を務める場面も多い。和菓子屋の社長にとって、茶道は幼いころから商売の延長として身近にあったはずだが、彼は日本文化や精神修養としての茶の湯に注目する。千利休が求めた「何事にも執着せず、どんなときにも感情に流されない平常心」は菓子作りにも通じるのだろう。

社屋に併設している茶室「菊寿亭」では茶会のほか、セミナーが開ける約30人収容の広間もあり、各種会合に提供している。所属する淡交会青年部の研修会でも菊寿亭を開放して奈良青年部の拠点となっている。

◇博物館でボランティア奉仕

古都奈良への貢献といえば、奈良国立博物館の支援組織である「結の会」の活動が挙げられる。

同会は奈良国立博物館が独立行政法人となった翌年の平成14年に設立された民間のボランティア組織で、毎年秋の正倉院展では館内に呈茶席を設け、観覧者に一服のおもてなしをすることで知られる。顧問に上野道善東大寺長老、湯山賢一奈良国立博物館長らを迎え、会員は30人。女性社長や、教育・文化関係者、僧侶、茶道家元・師範ら各界の幅広いメンバーがそろう。当初、奈良らしい茶菓をと依頼された父の成泰が、正倉院宝物の意匠「花喰鳥《はなくいどり》」をモチーフにした「花喰鳥薯蕷饅頭《じょうよまんじゅう》」を考案した。かわいらしい鳥の焼き印を押した菓子は期間限定で、これが店頭に並ぶことはない。正倉院展には会期中20万人以上が訪れ、1日当たりの入場者数は日本一多い展覧会として知られるが、呈茶も毎年多くの人でにぎわう。なかには菊

正倉院展の呈茶席

花喰鳥薯蕷饅頭

屋特製の饅頭がお目当ての人もいるらしい。

奈良博は東大寺の修二会（お水取り）期間中、特別陳列「お水取り展」を開くが、「結の会」ではこれに合わせて「お水取り展観賞とお松明」のイベントを企画している。博物館講堂で学芸員の解説を聞き、展示を見たあと東大寺本坊で上野長老の講話・食事、二月堂に上がるお松明を見学・声明の聴聞といった内容で、このとき参加者に松明の竹を利用した記念の箸《はし》を配る。その箸に会名の焼き印を黙々と押す担当が菊岡だ。素人には難しいコツが要るらしい。お土産の上生菓子「良弁椿」も、もちろん菊屋特製で非売品。二月堂ゆかりの椿《つばき》を模している。平成28年には１９０人の参加があった。

「お水取り展鑑賞とお松明」企画イベント

「結の会」で菊岡は会計を担当している。須和隆彦会長（ブレーン関西代表）は「菊岡さんは温厚で頼りがいのある好青年。将来は結の会を背負って立つ人材です」と太鼓判を押す。腰が低く、下働きをいとわない明るい性格は会員の評価も高い。

◇橘《たちばな》街道プロジェクト

最後に、いま菊岡がとくに力を入れている「橘街道プロジェクト」を紹介したい。

古代の平城京から藤原京へ南に延びる三つの幹線道のうち「中ツ道」は香久山北麓を目指す直線道路だが、さらに香久山をう回して飛鳥の橘寺に至るため、近世は「橘街道」と呼ばれた。聖徳太子誕生

大和橘と垂仁天皇陵

の寺と伝わる橘寺は、垂仁天皇の命により常世国《とこよのこく》へ不老不死の果物を採りに行った田道間守《たじまもり》が持ち帰った橘の実を植えたことに由来するという。

　この伝説の神木「大和《やまと》橘《たちばな》」を栽培し、かつての街道筋に植林して採れた橘の実を食品、化粧品などに商品化して活用しようという活動である。各種団体・企業・法人が参加しており、菊岡も橘を使った菓子の試作などで協力している。橘街道の復興を町おこしや地域活性化につなげようという壮大な構想で、行政も巻き込んだ運動を展開しようとしている。なら橘プロジェクト推進協議会の奈良事務局を本家菊屋に置くなど、本気度が伝わる。もちろん本業をおろそかにするわけではない。ここは「御公儀に御奉公せよ」という家訓が発揮されているのだろう。

橘苗木オーナーのイベント（大和郡山市 薬八神社）

実を付けた大和橘（橘街道で）

橘ほの香（イメージ）

橘のお茶

「父と盆栽」

成泰会長に、菊岡は幼いころはどんな子だったかと聞いた。

「小さいころはねえ、市役所（目の前）の池へコイを捕りに行ってね。池に何度もはまって隣の消防署に助けてもろたんですわ。ドロドロに汚れてかわいそうやいうんで、風呂まで入れてもらって、『お前どこの子や』言うたら『菊屋の子や』『なんや隣やないか。先に言うてくれよ』というようなことでね」と落語のような話を目を細めて語る。大事な一人息子は愛情いっぱいに育ったようだ。

26代目を継いだ時、歌舞伎の家のように、菊岡はさぞ盛大な襲名披露をしてもらったのだろうと筆者は思ったが、特別なことは何もなかった。成泰は当時75歳。「病気でもないのに、おやじから急に言われましてね」。やったことは登記の変更申請ぐらい。商工会や納税協会の役職なども菊岡に「お前やっとけ」と。成泰は、以前から「元気なうちに店を譲る」というのが口ぐせであった。それは、元気であれば「横から口出しもできるやろ」という親心でもあった。

菊岡成泰会長（撮影　朝山 信郎）

本家菊屋の盆栽は知る人ぞ知る―。じつは盆栽の話に絡めて成泰はこんな話をした。「盆栽に追われると、眠たいな、しんどいなと思っても、夜中でも気になる。水をやらんなんわ、草は生えてきよるわ、植え替えはせんならんわ、大変ですよ」。うっかり旅行にも行けない。それだけに、その手間はお菓子作りと通じるところがあるようだ。

盆栽の各種品評会でも入賞する逸品がずらり。さぞ立派なものがあるんでしょうな。いく鉢ぐらいありますか、と聞いたが「いやいや大したものはなくて」と、あっさりはぐらかされた。

取材後、盆栽好きで知られる某信用金庫の相談役に、菊屋さんの盆栽はいいものでしたよと話した。この人も郡山へやって来ると本家菊屋の店先で注意して鉢を眺めるらしい。「小品であれだけのものを出すということは、他によっぽどいいものがあるに違いない」とにらんでいる。

「立派なものはないけど、いま柿の種を拾って植えているんです。桃栗3年柿8年といいますが、柿は3年でも実をつける。大和の柿の種を秋に拾って、そこら中に植えて育てるのは楽しいものです」と成泰は言う。実生《みしょう》から育てるのは盆栽のだいご味の一つであろう。春にはモミジ（カエデ）の盆栽を店に置くことも多い。古木の枝から緑の葉が伸びるさまはえも言われぬ生命力に満ちている。

「柿でもモミジでも木の下に実が落ちて、春にはいっぱい芽を出す。しかし、あれは決して育たない。親木が枯れないと育たないんです。だから、よそへ移してやると育つ。やっぱり親が死なないと子は育たない。自然ってそういうものなんですよ。人間も一緒です。そやからね。親のもとではなかなか育たんものですわ」。これは子への思いと取るか、代を譲った余裕と受け取っていいのか。温顔から推し測るのは難しかった。

（敬称略）

小久保 忠弘

（記・２０１６年５月）

撮影　朝山 信郎

菊岡 洋之　株式会社 本家菊屋社長　　略　歴

昭和41年	9月	奈良県生まれ
平成 3年	3月	関西学院大学商学部卒業
	4月	株式会社奈良そごう入社
平成 6年	3月	同社退社
	7月	株式会社本家菊屋入社
平成13年	7月	同社専務取締役
平成20年	7月	同社代表取締役社長

（公　　職）奈良納税協会理事、大和郡山市商工会理事、大和郡山市教育委員会委員

奈良の一地方薬局から、医薬用ハップ剤の独自技術で世界を目指す

金橋ホールディングス株式会社
社長　守金《もりかね》 眞滋《しんじ》
（前ダイヤ製薬株式会社会長）

金橋ホールディングス株式会社の概要

金橋ホールディングス㈱本社

本社所在地
〒634−0835
奈良県橿原市東坊城町505
TEL：0744-47-1811
FAX：0744-47-2171

設　立	平成29年（2017）3月
資本金	8000万円
代表者名	代表取締役社長　守金 眞滋
関連会社	ダイヤ製薬株式会社、白金製薬株式会社、株式会社ミルズ、ディアサーナ株式会社、株式会社金橋

ダイヤ製薬株式会社の概要

ダイヤ製薬㈱本社

本社所在地
〒634−0803
奈良県橿原市上品寺町515
TEL：0744-21-5577（代表）
FAX：0744-20-1155

設　立	昭和23年（1948）3月
資本金	6600万円
代表者名	代表取締役社長　守金 大蔵
従業員数	120名
事業内容	1. 医薬品・医薬部外品・化粧品・医療機器・医療器具・衛生材料の製造及び販売 2. 健康食品・日用雑貨・運動用具の製造及び販売 3. 動物用医薬品・動物用飼料の製造及び販売
売上高	50億円（平成28年9月期）

古くから奈良の地では寺院を中心に、中国から導入した医薬術・薬で病から民衆を救済しようとして来た歴史がある。その伝統を受け継ぐ医薬品製造業者数は橿原市、御所市、高取町の３市町で県内の大半を占める。ダイヤ製薬株式会社は、その中でも後発であり、守金眞滋（以下眞滋）は、創業者である父、守金久次（以下久次）が薬局開設の過程で起業した「ダイヤ製薬」を継承し、従業員一人から現在へと成長させた会社である。

「ないものは創る」をモットーに「貼って治す」パップ剤技術を独自に再開発し、国内そして世界に販路を拡大してきた。家業から社業へ、さらに社会的存在として責任を負う製薬企業へと歩み続けた約40年の道程には、創業者久次の「普遍の摂理にわが身を委ねる」という魂と精神の導きが存在している。

◇創業者久次の信念を受け継ぐ

創業者久次は、明治43年、奈良県高市郡天満村（現在の大和高田市西坊城）にある浄土真宗西願寺の寺院において７人兄弟姉妹の三男として生まれた。旧制大阪薬学専門学校（現在の大阪大学薬学部）を卒業し、戦後の昭和23年、高市郡金橋村（現在の橿原市東坊城町）に小さな薬局を開業する。薬以外にも地域の人々が必要とするありとあらゆる日用品や雑貨も数多く取扱い、地域に密着した薬局として親しまれていた。

久次は、生まれ育った環境から、大変信仰深い人で「人は見えない力で生かされている」という信念から、家族や地域社会に報いるために自分ができることに挑戦し続けた。当時の薬局では、薬剤師が患者の症状にあった薬を調合する薬局調剤が

創業期の金橋薬局

創業者　守金 久次

珍しくなかったのであるが、薬を調剤する際も表面的な捉え方は避けるなど、物事の核心をつく鋭い感性を持っていた。日常生活においても、常に求められる薬はないかと薬剤師として人に役立つ独自の医薬品開発に意欲的であった。

開業から2年後の昭和25年、「よく効く水虫薬」として発売以来67年の長きにわたり評判の高い医薬品となる「三ツ星ダイヤ軟膏」を開発した。水虫に悩む人は多く、治ったと思ってもまた症状を繰り返す難治性の水虫をターゲットに、持ち前の感性が触発され開発に取り組んだ。

徹底的な観察と研究を続け、白癬菌が寄生する皮膚角質層にも注目した。〝抗白癬菌薬の配合に加え、角質層を除去する機能を加える事で、相乗的効果で水虫を治療する〟といった〝これまでにない画期的な水虫薬の開発〟に成功したのである。

その効果は抜群で、地元奈良で評判となった。「水虫の特効薬」が奈良にあるとの評判を聞き付けた問屋からの要請も受け、水虫に悩む全国の人々に使って貰えるようにと昭和30年に水虫薬製造部門として個人経営ながら屋号「ダイヤ製薬」の本格的な製造所を開設させたのである。このダイヤ軟膏の効能に着目し、水虫専門薬局の看板を掲げた京都のある薬局は、ダイヤ軟膏で一財をなしたと聞かれる。

また「ダイヤ製薬」を立ち上げてから4年目に、「飛龍」と名付けた「酔い止め薬」を開発した。きっかけとなったのは、「乗物酔いが酷く旅行が苦手な母親に孝行がしたい」の一念で開発を行ったと眞滋は聞き及んでいる。

薬のおかげで母親を安芸の宮島をはじめ全国各所の観光地に連れて行き、念願だった親孝行ができたという。案内した久次は、母親の喜びと自身の親孝行ができた喜びを、幼い眞滋に笑顔で話してくれたという。家族への深いおもいやりが、薬の開発につながったのである。

ところで、薬局業を営む傍ら坊城地区に地元初の幼稚園となる「金橋幼稚園」も開設している。幼児教育の大切さを痛切に感じており、教育への熱い思いを形にと幼稚園を開園したのであった。後に市が幼稚園を開設するまでの7年間「私立金橋幼稚園」

として地域の教育施設に貢献した。

久次は、経済的に苦しい中でも、自分に出来る精一杯の力を地域奉仕に注いだ。長年にわたる学校薬剤師としての活躍のほか、私財を投じ医師を迎え入れ薬剤師ではカバーしきれない診療業務を担う「金橋診療所」も開設し、地域住民の健康管理に貢献した。

神社仏閣への献身的な奉仕や村の運営にも積極的に参加するなど、丸刈り頭に白衣姿で何処に行くにも自転車に乗り、「朝は朝星、夜は夜星」と休む暇なく駆けずり回る父、久次の姿を、村人はじめ眞滋もはっきりと覚えている。

久次が金橋薬局創業時から日々愛用していた調剤用「天秤」を今なお眞滋が大切に保存しているのは、父の創業精神や摂理を大切にした生き方「姿勢」を忘れないためでもある。

◇「貼って治す」独自技術開発と大手との葛藤

昭和50年、眞滋が大学を卒業し大手製薬会社に勤めて間もない7月、久次が重い病に倒れたため急遽奈良に戻り「ダイヤ製薬」を承継する事となる。

まず手掛けたのが、個人経営から法人への切り替えであった。個人経営の場合、製薬業の許認可全てが守金久次個人にあり、万一の事態となった場合、全ての認可が失効してしまうからである。そのため「有限会社ダイヤ製薬」として法人化し、眞滋が代表取締役に就任することでこの問題を回避した。

当時、医薬品業界では、大きな問題として医薬品の製造環境に関するGMP施行の法規制問題があった。一昔前と異なり製薬業界全般にわたる製造環境の向上が求められる時代になっていた。そこで行政指導に従い、昭和53年、橿原市東坊城町に医薬品製造工場を新設することを決意した。

眞滋はこの時点で、父が歩んできた製薬業が、零細製薬会社にとって如何に厳しく困難な道であるかを痛感させられたのである。それを理解したうえで、背水の陣の決意を固め、昭和55年には会社組織を「ダイヤ製薬株式会社（以下ダイヤ）」に変更した。

奈良の製薬業界で最下位にあったダイヤ。「高い文化を必要とするこの医薬品業界で生き残っていくためにはどうすればいいか」、若き眞滋は悩み抜いた。そして考えぬいたあげく、人に頼らず自身の頭で創造する「独自技術の開発」以外に道はないとの結論に達したのである。どこにもない「貼って治す」パップ剤（湿布薬）の開発に焦点を絞り一点突破を考えた。それからというものは、製造の傍ら工場内に研究所を設け、眞滋自ら新製品開発に取り組んだ。

しかし、これまで手掛けた事のないパップ剤の開発には特殊な混合機や展延機が必要だが、正規なものは高額でとても購入する事はできなかった。そのため市販の餅つき器を代用、その他の装置も必要に応じて考案し、自作で作り上げたものを使用して開発を行った。「ないものは創る」の精神である。

パップ剤のジェル開発を繰り返すこと8年、幾多の試行錯誤を繰り返し昭和58年、ついに世界初となる、かぶれが少なく肌に優しい、粘着性に優れた夢のパップ剤、「ニューサンユクール」を誕生させたのであった。パップ剤としてはこれまでにない画期的な商品化に成功、業界にも大きな衝撃が走った。

ダイヤの年商は1億円の大台に乗った。難行苦行の末開発した独自ゲル技術「ゾルインゲル」基剤の開発によって、貼って治す経皮吸収機能を有するパップ剤は、「物事の核心をつぶさに洞察する」という先代の思想を眞滋が受け継ぎ具現化したもので、ダイヤの前途に明るい希望を抱かせた。

この成果をもとに、念願であった大手製薬会社へ医療用パップ剤の共同開発の提携を持ちかけた。眞滋の新技術は大きな評価を得たが、当時のダイヤの余りに小さな工場の設備・規模のレベルでは、話をする以前の問題と大手製薬会社では相手にしてもらえず、共同開発提案は全て不成立という苦汁を飲まされる結果となった。

眞滋は、自らが目指す医療用医薬品企業への道が如何に厳しいかを思い知った。他社にはない優れた技術があっても、それを具現化する医療用医薬品メーカーとしての素養に欠けると判断された口惜しさを、嫌というほど味わったのである。医療用医薬品を扱うに相応しい製造環境、管理体制の整備に必要な人材の育成等、医薬品企業としての高い企業文化の大切さに気づかされたのである。良い技術があれば一流企業との共同開発に道が開けると考えていた眞滋はすぐさま方向転換し、このジレンマを克服するため心機一転、企業を大きくすることを決意した。

「ないものは創る」をモットーとする眞滋は、認可を必要とする医薬品からは一旦離れ、ゾルインゲルを活かした、全ての人が対象となる化粧品や医療雑貨の商品化を目指した。大手製薬会社訪問時に感じた厳しい経験が、眞滋を更に成長させる結果となった。

◇冷却シートの誕生

パップ剤の独自技術を用いた大手製薬会社との共同開発はまだまだ長い道のりであると感じた眞滋は、その後も「貼って治す」という経皮吸収技術の改良と多用途への応用研究に多くの時間と経費を費やす一方で、薬以外の商品で会社の起爆剤的ヒット商品の開発はないかと考えていた。平成3年に、ようやく眞滋のモットーとする「ないものは創る」の発想に相応しい世界初となる「貼る化粧品」〝フェイスマスク〟の開発に成功したのである。

これまでに「貼る」という剤型は、化粧品業界には存在せず、画期的ともいえる新たな化粧品の道を開く事となった。早速に大手化粧品会社に提案を行ったが、眞滋の想像とは異なり、「時期尚早」とまたしても提携には至らなかった。

会社の業績は振るわず、経営資金も枯渇し苦悩の日々が続いた。使う人の身になって喜んでもらえる商品だと確信するが、受け入れられない現実を不思議に思う眞滋であった。「貼る化粧品」の時代は必ず来ると信じ営業を続ける中、化粧品以外の開発も進めていた。

会社の経営状況は一段と厳しく、これまでの開発に費やした借金返済に、再び倒産の二文字が眞滋の頭を幾度となくよぎっていた。起死回生となった発想は、そのように追い詰められ藁をも掴む思いの中で突然浮かんだ。

幼い頃に熱を出し母親が頭に乗せてくれた「氷のう」だ。冷たく気持ちいい反面、おでこから直ぐにずれ落ちてしまう。「これだ！」おでこにピタリと貼って熱を取る「冷却シート」のアイデアは、「貼って治す」を呪文のように毎日唱えていたからこそ、眞滋の脳裏を幼い当時へとタイムスリップさせたのだろう。まさしく執念の産物なのだ。三度《みたび》眞滋の挑戦が始まった。

　気化熱を利用して皮膚表面温度を下げる独自のジェル開発は、経皮吸収を目的に開発したゾルインゲル技術をもってすれば可能なはずと取り組んだ。ついに平成5年、〝貼る氷のう〟「アイスタッチ」「ウォーターシート」と名付けられた、世界初となる冷却シートが完成する。これまで、商品化する前の試作品として、販売委託会社に提案してはお蔵入りを繰り返して来た経験から、今回は最後のチャンスと覚悟を決め、眞滋自ら販売も辞さない覚悟で、「**冷却シートを世に誕生させる**」と決め自社商品として商品化を行った。この事が、後に大きな成果に繋がるとは、眞滋も予測していなかった。

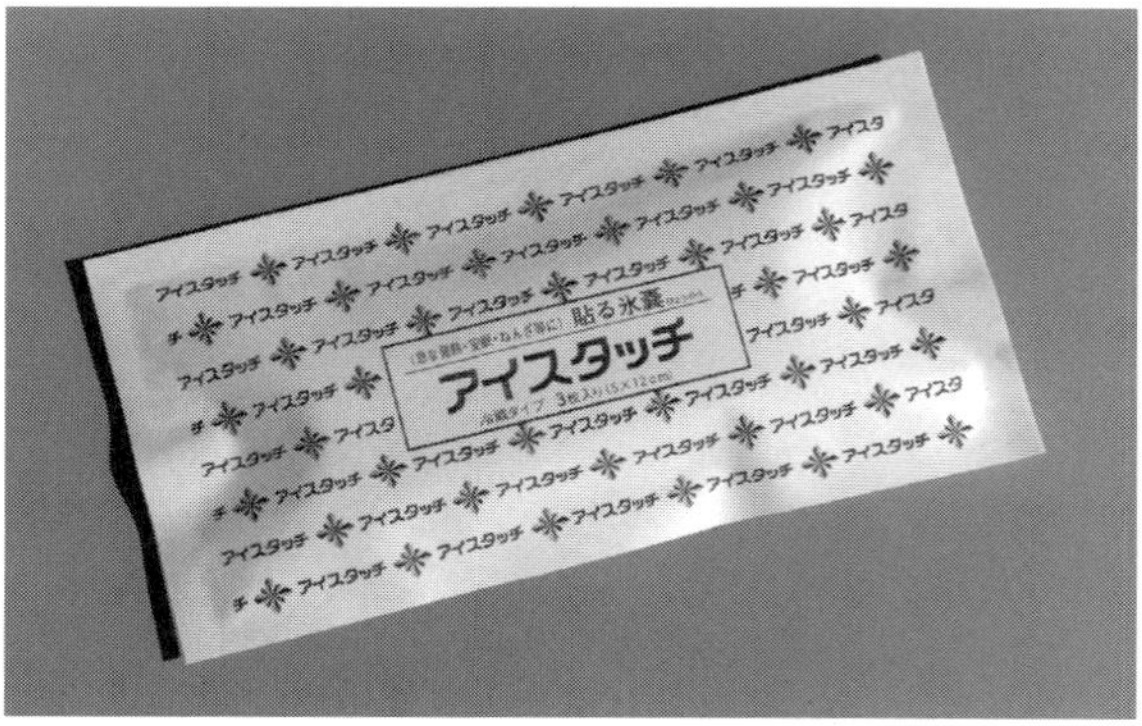

冷却シート「アイスタッチ」第１号

　先ずは、眞滋自らが近くのガソリンスタンドに「ドライバーの眠気覚まし」として販売を行った。限られた時間を割いての営業でさほど売れる状態ではなかったが、同時にＯＥＭ（相手先ブランドでの販売）での商談も進めていた。そうこうしている中、東京のある大手ティッシュメーカーからＯＥＭで是非やりたいとの声掛けがあり、5万個の受注が取れたのである。「今考えれば、実際に商品化し市場に存在するという販売実績は、販売を検討するうえで、大きな要素になった」と眞滋は言う。

　こうして世界初の「冷却シート」が世に出る事になったのである。しかしその実績は、初回発注の5万個だけでその後のリピートはなかった。

　期待に反して冷却シートは思ったようには売れず、その後において在庫が動くことはなかった。思案の結果、無料で配られているティッシュペーパーから、企業がＰＲに配るノベルティー商品（宣伝用商品）としての利用を思いついた。

早速取引先である南都銀行坊城支店に協力を願い出た。当時の融資担当者とは同世代でもあり、立場は違えど如何に地元企業を育成して行くかを親身に考える人で、早速に購入手続きなど積極的に協力してもらえる事となった。眞滋は「この時のご恩には感謝している」と語る。そんな背景の中、冷却シートの存在は少しずつ世に知られていった。冷却シートがノベルティ商品として採用された実績と、銀行員が配った先でも初めて目にする冷却シートは好評で話題はすぐに広がった。

時を同じくして大手製薬会社の目にも止まり、問合せの連絡が入るようになってきた。他の商品開発で販売検討していた大手製薬会社が「冷却シート」に興味を示してきたのである。そして、ついにこれまで成功しなかった大手製薬会社と冷却シートのＯＥＭ契約が成立することになった。大衆薬を中心に販売する大手製薬会社は、テレビＣＭでは全国的に知られその販売力の凄さは誰もが存在を知る会社であった。

その会社のブランド商品としてＯＥＭ供給するのであるが、最初に釘をさすように「『ダイヤさんが期待するほど売れる商品じゃないからね』と言われた事が今も印象に残っている」というメジャーデビューであった。

１日１回のテレビＣＭが入れられたのであるが、それがＯＥＭ先も驚きの悲鳴を上げる程の効果を示した。６カ月掛けて生産した50万個がなんと２週間で完売したのである。

不振にあえいでいたダイヤは、その後数年間このＯＥＭという追い風に乗り一挙に業績を伸ばすことができた。また同時に、これまで不採用とされていた「貼る化粧品」についても冷却シートの大ヒットによる影響を受ける事となった。「貼る文化」が話題となり、これまで商品化には至らなかったフェイスマスクや目元パックが、世界初の「貼る化粧品」として次々誕生する結果となったのである。ゾルインゲル技術から生まれた独自の発想と技術の成果と言えよう。

眞滋は、自信が確信に変わるとともに、決して有頂天になることなく大手製薬会社に生かされているダイヤの姿をしっかりと見据えていた。「人は人によって生かされている」―久次のささやきが聞こえる。「大手との提携ができたからこそ今がある」という事に感謝の念で一杯であった。小さな会社では決してなし得ない、全国津々浦々へ商品が届けられる喜びである。この思いにより、「後のＯＥＭ契約解消という予測もしなかった事態にも、冷静に対処する事ができた」と言えることになったのである。

◇「摂理に身を任せなさい」―再び先代の声が響く

その時は突然にやってきた。ＯＥＭ先が、「今月末を以って契約を打ち切り自社生産に切り替える」と一方的に申し出てきたのである。当時のダイヤの売上げは17億円に達しており、その95パーセントを占めていた冷却シートの突然の取引解消が倒産を意味する事は言うまでもない。

社内に動揺が広がった。50人余りに達していた従業員のことを考え、最後の願いとして、今月末での契約解除の申出に対し今後の1年は売上の半分（8億円）、翌年は更に半分（4億円）の発注と、契約解消までに2年の猶予を受け入れてもらうよう担当者に交渉を依頼したが、「既に社で決定された事」として受け入れは叶わなかった。

冷静にそれに応じる以外に選択の道はないと判断した理由を、眞滋はこう答えてくれた。「取引開始時に交わした研究契約及び売買契約書に違反しない限り、お互いの合意事項であり、法的に何ら問題が無ければ現況を受け入れ、これから先『さて如何するか？』と今後の事に思いを馳せ、これで人生が終わった訳ではない」。

倒産に陥りかねないこの非常事態に何故これ程までに冷静でいられたのか。「やはり父から学んだ『自然の摂理（神・仏）に身を委ねる』という教えが何時も心にあって、『人間は見えない力で生かされている』のだから、神が私に与えた『道』と考える事で全ての現実を自身に受け入れる事ができ、不安の中にも不思議と落ち着き冷静でいられた」と語る。

今月で取引を終了すると告げられた後、暫らくして先方から「製造が思うようにできない」「一度工場に来て機械を見て欲しい」と連絡を受けた。眞滋は要請に従い言われるままに販売先の工場に足を運び、製造設備と工程について、可能な限りのアドバイスを行った。契約を解除され、会社の将来に黄信号の灯った経営者がそのようなことをするだろうか。しかし、眞滋は違った。「ダイヤの今日は、この販売会社によって得られたもので、感謝以外何物でもなかった」と笑ってその当時を振り返る。

眞滋は「全ての事象は、それ相応の理由があり現れている事で、冷静な判断と無の境地で全てを受け入れる度量が大切である」と語る。「ダイヤをここまで育ててくれたOEM先に感謝こそすれ恨むことなど何一つなかった」と。先代を見ている眞滋は、OEM先に自分なりの恩返しができたと考えるのである。その時、眞滋には自分と久次の姿が重なって見えたのかも知れない。そうこうしている最中、不思議な事が起こった。

このパップ剤業界ではトップ企業と称される会社から、冷却シートのOEM依頼がきたのである。これまでの業界をリードしてきたとも言える会社、これまで何の縁も所縁《ゆかり》もなかったのだが、まさに「捨てる神あれば拾う神あり」の例えの展開だ。

それだけではなかった。先のOEM会社との契約は解消されたものの、市場での冷却シートへの需要は益々高まり先方の新設ラインだけでは生産が追着かない状態で、契約は解消されたにも拘らずその後も数年に及び受注は続いたのである。

後にこの事を考えると「新たなパップ剤トップ企業とのOEM契約に何の支障もなく契約締結へと進む事もでき、今日のダイヤに至るために神により作り出された通り道であった」と理解するのである。「もしこの時点で、もめ事や訴訟問題にでもなっていれば、決して現在のダイヤの姿にはなっていなかったでしょう」と眞滋は言う。その後の売上げも、倒産危機が嘘のように増加していったのである。眞滋は、この危機的状況から奇跡的に脱却できたのも、先代の生き様から学んだ「全ては摂理（神・仏）にゆだねる！」を教訓に、自身に与えられた天の使命とは何かを追求した結果であると冷静沈着に捉えている。私欲を捨て、心に感じた事に果敢に挑戦する気持ちを大切に、日本のみならず広く世界観をもって進むことに一層意を強くした出来事であった。

◇海外へ販路を拓く―ピエール・ファブルとの出会い

平成8年、奈良工場に新たな化粧品製造棟を建設、翌年「水に溶ける樹脂」の発見と「貼って治す」独自技術を応用した角栓除去剤「毛穴パック」を開発、商品化に成功した。大手の毛穴パックとは似て非なる、特許にも対応した画期的な商品として、販路を世界に拡げようとした。これと思われる会社にメールを送ったり、JETRO（日本貿易振興機構）を介して斡旋してもらったり、海外進出はまさに手探り状態で始まった。

初の輸出先はイギリス人の医療関係出身者で、奥さんと二人で起業したばかりの会社であった。眞滋の境遇に似ていたこと、知人の紹介でもあったことから、ビジネスとしての要件には満たない相手ではあったが縁を大切にと、夫婦で始めた会社の育成に少しでも役立ちたいと考え取引契約を締結、海外進出をスタートさせた。

海外への営業活動や販路開拓については、メールを中心に展開した。貼る化粧品や角栓除去といった独自の技術と剤型のユニークさが評価され、次第に問い合わせも多くなり、外国でのパップ剤に対する関心度の高さを肌で感じる事ができるようになった。そのような中、眞滋とあるオーナーとの間に、ビジネスを超えた熱くて太い、運命的な出会いともいえる会社が現れた。フランスの大手医薬品・化粧品会社の「ピエール・ファブル社」である。

創業者のピエール・ファブルは、南仏のカストゥールという小さな町で1951年（昭和26）薬局を開業した。ピエールは、薬局を営む傍ら研究を続け1960年（昭和35）に画期的な静脈血流改善薬を開発、翌年ピエール・ファブル社を設立する。その後フランスを拠点とした製薬・化粧品メーカーとして世界130カ国に展開する大企業に成長した会社である。

ピエール・ファブル

ピエールの生き様が、父久次と重なって見えた。ピエールと久次の境遇が余りにも似ていることに驚くとともに、会うたびに二人にはビジネスを超えて不思議なほど互いが親近感を感じ、親子のような深い絆を感じるようになっていった。

「ピエールを訪ね商談を済ませ帰ろうとした時、『私のジェットで帰りなさい』と彼の自家用ジェットでド・ゴール空港まで送って頂いたこともありました。その際、関係者の方から『これまでに日本のお客さんで自家用機で送るよう指示されたのは、化粧品最大手の社長とムッシュ守金だけですよ』と聞かされました。ピエール会長に慈愛に満ちた眼差しで何時も我が子のように温かく迎えて頂いた事を今も忘れられません」と眞滋は言う。

名もない日本人である眞滋に、家族の一員にも等しい扱いを受けたフランスの愛すべき父、ピエール・ファブルは、2013年（平成25）他界した。

眞滋の身辺は今もピエールとの交遊のメモリアルで埋まっている。ファブル社の追悼記念誌には、フランス大統領をはじめ世界各社の弔文が掲載されたが、日本関係は2社のみ、その内の1社として眞滋が送った哀悼のメッセージが掲載されている。ピエールが残したもの、それは「一地方薬局でも人を思う信念と感謝でグローバル企業になれる、そのお手本がわが社ピエール・ファブル社だよ」ということだったのではないだろうか。

平成9年、ダイヤはピエール・ファブル社と共同研究を行うことで合意し、またスペインでの化粧用シートの販売も開始した。平成10年には、販路を世界に広げる一方で、眞滋は兵庫県柏原町にあった外資系製薬会社の工場を買い取る事を

ダイヤ製薬兵庫工場

合弁会社「江蘇達亜生技医薬有限公司」工場（中国江蘇省）

決断。さらなる海外進出を目指すためにも、ピエール・ファブル社で目の当りにした、ＧＭＰ基準に適合したグローバルスタンダードな製造環境が不可欠と思ったからだ。その工場は世界的外資系の向精神薬を製造する最先端レベルの医薬品工場であり、将来を見越した決断でもあった。

◇ジェネリック医薬品製造を目指して

眞滋は現在、製薬市場で圧倒的シェアを有する医療用医薬品分野に進出するタイミングを計っている。医療用医薬品として「貼って治す」機能に特化したパップ剤の開発を見据え、奈良県高市郡高取町に20年計画で大規模工場の建設を計画し、既に1万坪の用地を取得した。

建設予定地は蛍が飛び交い、背後の山にはフクロウなどの猛禽類や多くの野鳥も生息し、「生けとし生けるものの生命を大切にした」立地で、高い文化を目指すダイヤの工場としてこれほど理念にかなった場所はない。このプロジェクトは、久次の「病む人に、安らぎと安心を与える」という創業者精神をダイヤにしっかり根付かせ、次世代へと受け継いでいくことを意図するものだ。

ダイヤ製薬奈良新工場予定地（奈良県高取町）

眞滋は、今後の売上高目標は１００億円に置き先般兵庫に第２工場を建設した。現在の売上高の２倍に伸ばすという、実に果敢な挑戦である。この挑戦の中心になるのは、長男で社長の大蔵である。眞滋は平成29年に持ち株会社「金橋ホールディングス株式会社」を設立、代表取締役社長としてダイヤ製薬グループ5社の戦略的な事業調整役を担う。

「大蔵は、祖父久次の摂理の精神を確りと理解しており、ダイヤの企業文化の継承者として何もいう事はない」と淡々と述べた。それは、先

ダイヤ製薬社長　守金 大蔵

代久次の若き日を思い起しながら幾多の苦難を乗り越え築き上げてきた自身の構想を長男大蔵に託そうとしているからにほかならない。

「『人は生かされ、定められた人生を歩んでいる』。これが先代に教えられた『摂理』というものなのです」と静かに語る眞滋から開悟者の無心の境地が伝わってくる。

（敬称略）

渡辺　邦博
（記・２０１７年３月）

守金 眞滋　金橋ホールディングス社長　　略　歴

昭和26年	4月	奈良県生まれ
昭和50年	3月	北里大学卒業
	4月	稲畑産業株式会社医療事業部入社
	8月	有限会社ダイヤ製薬設立 同社代表取締役社長
昭和55年	11月	ダイヤ製薬株式会社に改組 同社代表取締役社長
平成18年	10月	同社代表取締役会長
平成28年	9月	同社取締役退任
平成29年	3月	金橋ホールディングス株式会社設立 同社代表取締役社長

第Ⅱ部

特別編

Nara

菩提酛《ぼだいもと》による奈良酒の活性化

菩提山正暦寺

日本清酒発祥之地碑（正暦寺）

史書に登場する大和奈良の酒。古代、酒は祭祀と深い繋がりを持ち、やがて、仏教寺院との融合によって僧房酒《そうぼうしゅ》（寺院が自家醸造する酒）として奈良の本格的な酒造りがはじまる。

約六百年前の室町時代、奈良正暦寺《しょうりゃくじ》で開発された酒《も》母《と》（菩提酛）の製法はきわめて革新的な技法で、日本酒製造技術上、現在の清酒造りの原型といわれている。古文書にも銘酒「菩提泉《ぼだいせん》」と紹介されるほどで正暦寺の経済的屋台骨を支えた。しかし、明治以降の国の酒造政策によって菩提酛による酒造りは徐々に姿を消していき、昭和には幻の製法となっていた。

平成に入り、奈良の酒造業の活性化のため若手蔵元が中心となって、平成８年（１９９６）、「奈良県菩提酛による清酒製造研究会」（以下研究会）を結成した。これに呼応して、奈良の酒造史を見直し、菩提酛の製法を復元させるべく蔵元の研究会（産）に加え奈良県工業技術センター（現奈良県産業振興総合センター。以下技術センター）（官）、正暦寺（宗）の３者によるプロジェクトが活動を開始した。

奈良の酒の歴史と研究会の軌跡をたどりながら、日本の清酒発祥の地・奈良での古来製法復活への挑戦の姿を追ってみた。

大神神社《おおみわじんじゃ》と酒―それは神酒《みき》から始まった

◇酒造りの神

お酒は適量を飲むと薬にもなり、人をつなぐ潤滑油にもなる、といわれる。

その昔、酒はあくまでも薬の一種であって、得難い貴重品であった。今日神に供える神饌《しんせん》の中で最も重要なのが神酒である。

京都のある神社の祭りには神饌の最後にお神酒を供え、これを「おくすり」という例などはそれを物語っている。しかもこの酒は、すでにその文化が、相当の域に達したところの知識が入ってくる所に用いられたといわれている。

さてこの酒の神を祀るのが三輪山の大神神社（奈良県桜井市）である。ただし酒の名産地であったというのではない。その縁由は古い。『日本書紀』巻第五には崇《す》神《じん》天皇８年４月16日に、高橋邑《たかはしのむら》の人、活《いく》日《ひ》を以て大神《おおみわ》の掌酒《さかひと》とす。とあり、その12月20日には、天皇、大田田根子《おおたたねこ》（大物主大神《おおものぬしのおおかみ》の子孫）を以て、大神《おおみわのかみ》を祭らしめられたとき、活日はみずから神酒をささげて天皇に奉り、その際彼は、

此の神酒は　我が神酒ならず　倭《やまと》成す
大物主の　醸《か》みし神酒　幾久《いくひさ》　幾久

つまり「この神酒は私が造ったのではない。大和の国を造られた大物主大神のご神助で成ったのです。御代が久しく栄えますように」。崇神天皇が神酒を醸すように命じられた高橋活日命《たかはしいくひのみこと》はこの歌を詠み、天皇以下群臣は夜もすがら酒宴を楽しまれたとある。

これをみても、当時すでに大神神社の御祭神が酒造りの神として大きく意識されていたことがわかる。

すべての生活物資や生活技術を司る神である大物主大神は、造酒の神であると信じられたのは当然であって、酒は古代においては神人合一のための飲料であ

り、最古の薬でもあって、その奇《くす》しき霊能を神の作用と信じた純朴な古代人の信仰のあらわれである。

　現在でいう杜氏《とうじ》であった高橋活日は、大神神社の摂社活日神社の祭神として祀られ、一夜で良質の神酒を造ったと伝えられるこの神を土地の人は〝一夜《いちや》酒《ざけ》さん〟と親しみを込めてこう呼ぶ。明治の初年の頃まで、この社近くに酒殿が建っていて、醸造の道具も保存されていたといわれる。

◇酒神のシンボル―杉玉

　造り酒屋の軒先に吊るされた円い物体を見かけることがある。緑だったり、茶色だったりするが、これは神聖な三輪山の杉の葉で作られ、「しるしの杉玉」「酒ばやし」といい、その名のとおり酒と縁が深いもの。

杉玉（大神神社）

新酒が出来たときに青々とした杉玉を、酒屋のシンボルとして軒に懸ける習慣は、酒神であり、杉の社である三輪山の大神を表徴するものであるといわれてきた。民俗学者の折口信夫は「恐らく新酒ができたから、神様お出で下さいませといふ標であって、神のよります清い物と云うことになるだろう」と言っている。
　いまでこそ、酒など飲みたければ何時でも店から買ってきて、あるいは、多くの飲食店でも飲めるが、この三輪の大神神社が酒の神と崇められるに至った古代においては、酒は神々に捧げて御神意をなごめ奉り、さらにそのおさがりを人間がいただいて、神の恩頼を蒙る信仰において欠かすことのできないものであったのだ。その酒の造り方を司られると信じられた大神は酒まつりを司る神でもあったわけである。
　こうして、酒は三輪の地における特産とまではいわれないが、酒の神三輪大神の鎮座の地として酒造家のみならず世間の知るところとなっている。
　こうしたことから大神神社で造る杉玉「しるしの杉玉」は近年著名なものとなり、毎年11月14日に行われる「醸造安全祈願祭」（酒まつり）には全国の酒造関係者が集まり、酒づくりの神をたたえ新酒醸造の安全を祈願し、前述した活日命の歌でつくられた「うま酒みわの舞」を巫女が披露する。そして、神杉で調製した青々とした「しるしの杉玉」が、全国５００余の醸造家らに配られる。

醸造安全祈願祭（酒まつり）での巫女の舞（大神神社）

大神神社は酒造を守護する大物主大神が鎮まられているという点で全国酒造界信仰の中心地であり、三輪の地こそ、酒造の道にとって最重要地ということだろう。

清酒発祥の地―菩提山正暦寺

◇錦の里―平安時代中期の創建

柳茶屋時計台のある三叉路で東へ、菩提仙川ぞいの道に入る。名高い奈良酒は、室町時代にこの川の水でつくられた。川ぞいの山の斜面にひろくせまくリズムをつくる段々畑を過ぎ、ゆるく登るにつれて谷はせばまり、緑がしたたるようだ。瀬音は身近になり、透きとおる水が淀んでは走りときには川石に白い飛沫となる。

やがて大きな二本杉のあたりから正暦寺の境内へ入っていく。根方に並ぶ泣き笑い地蔵はユーモラスな表情で参拝客を迎えてくれる。かつてはこの辺りに山門があったという。空は深ぶかとしたカエデに

泣き笑い地蔵（正暦寺）

福寿院からの眺望（正暦寺）

覆われ、5月は青もみじに、11月には真紅、淡紅、黄と、燃えたつような紅葉に覆われてみごと。別名〝錦の里〟とも呼ばれ、奈良の紅葉の名所である。川ぞいの道に苔むした石垣がつづくのは、かつての豪壮な寺坊の跡で、盛時を偲ばせる。

寺の縁起によると、正暦寺は平安中期の正暦3年（992）、一条天皇の勅命により創建。盛時には堂塔伽藍86宇を数えた。しかし、治承4年（1180）の平氏による焼打ちやたび重なる兵火、さらに江戸幕府の厳しい経済制圧によって、寺は急激に衰退したとある。いま、福寿院だけが当時の面影を残し、正暦寺を継いでいる。

菩提山道を福寿院から本堂へと、川上へ行くと、深山幽谷感が増す。澄んだ水が樹木をうるおし、苔が湿度を保つ、この環境が美酒造りに適していたのだろう。境内に「日本清酒発祥之地」の石碑が建つ。

◇僧房酒の歴史─天下第一の諸白酒《もろはくざけ》

住職の大原弘信《おおはらこうしん》は、寺のことを調べていくうちに段々と状況が解ってきたと話す。

「正暦寺では寺を運営していくために、麺や雅楽の楽器などを商品化して販売していたようです。その中にお酒の製造販売記録があって、当寺は大量の僧坊酒を造る筆頭格で、なおかつそれを売ることで利潤を得ていたようです」

当寺の寺院酒造が軌道に乗り、隆盛をきわめたのは室町時代前期の嘉吉年間（1441〜1444）であった。清澄《きよすみ》の里の渓《たに》で造られたお酒は、「菩提泉」の銘柄で売り出されている。

「この製法は室町時代の酒造記『御酒之日記』に記されていて、そのお酒は『菩提酛』という酒母を使ったお酒で、その仕込み方を『菩提酛仕込み』といいます。この酒母製法は、現在の清酒造りの祖とも言われていて、日本酒製造技術史上きわめて革新的な技法であったのです」

それはどう革新であり、どのような特徴があるのか。大原住職の話しは続く。「乳酸菌が菩提酛の特徴を醸し出します。甘酸っぱい酸味が最後まで酒の風味として残るのです。そして、乳酸菌をうまく使えば酒が安全に製造できるということを発見したのも

正暦寺 大原弘信住職

正暦寺なのです。乳酸菌を意識していない頃の酒造りは、壺に水をためて、そこにご飯と麹をいれて周辺にいる野生酵母が自然に入ってくることによって、酒ができるのですが、たまたま良い酒が造れることもあれば、酸っぱかったり、腐ってしまったりと、年によって不安定なものでした。そこには、二つの菌、酒の菌と麹菌しか働いていなかったのです」。

天理大学地域文化研究センターの住原則也は、論文『清酒のルーツ、菩提酛の復元—奈良の「産」「官」「宗」連携プロジェクトの記録—』で、『酒は諸白《もろはく》』『日本の酒５０００年』などの著書がある加藤百一農学博士ら解説者の言葉を紹介している。菩提酛の特徴として、「菩提酛は、温暖な季節における酒造法で、まず初めに乳酸菌発酵を確実に営ませ、乳酸酸性として極力雑菌の繁殖を抑える。次に酵母の増殖を促してアルコール発酵を営ませようという、細菌学的に見てきわめて巧妙、合理的な方法である」と。

そして住原自身は、肉眼では見えない微生物をコントロールするという、現代のような微生物学を知らなかった当時、経験値のみで乳酸菌を利用して他の雑菌を排除し、乳酸菌に対しては耐性を持つ酵母を育成して酛をつくった手法を開発・実践していたのは、史書に見る限り正暦寺のみであったという事実に、後世の歴史家や酒造技術専門家は素直に驚かざるを得なかったであろう、と述べている。

この製法で造られて売り出されたお酒の収益はかなりのものであったらしく、その一部は菩提山壺銭（酒税）として興福寺大乗院に納められ、同院の有力な財源ともなったことが、大乗院の僧が記した『経覚私要鈔《きょうがくしようしょう》』の嘉吉4年正月の条にみることができる。この酒はきわめて良酒であったらしく、同院の他の僧経尋も自らの手記に「無上之酒山樽《むじょうのさけやまだる》」とか「名酒山樽」と記して、この酒を大いに称賛している。ちなみに山樽とは、大乗院末寺の菩提山正暦寺で造られた南都《なんと》（奈良）諸白のこと。『御酒之日記』によれば、菩提泉づくりの工程で麹米と掛け米（蒸し米）両方に白米を使用したとあり、その結果透明度の高い酒ができたとされる。この菩提泉に代表されるように、諸白とは、古代からの灰色に濁った濁酒（どぶろく）とは違い、今日の透明な日本酒の原型となった清酒のことである。

天正10年（1582）5月、織田信長は安土に徳川家康を招いて盛大な饗応の宴を設けている。このとき、奈良の諸方から用命の品々が運ばれたが、中に、大乗院からの献上品「山樽三荷諸白上々」があった。樽は1斗5升（27リットル）入りの結樽《ゆいだる》（たがをはめて作った円筒形の樽）で、これを馬の背にふり分けにして、奈良から安土へ運搬したのであろう。

このように奈良の菩提山正暦寺で創製された「天下第一」の名声を得るまでに急成長した南都諸白は、信長や家康ばかりか幕下の武将らからも高い評価を受けたことがみてとれ、『多聞院日記』に「無比類トテ上一人ヨリ下万人称美」とあるように知られていた。

◇菩提酛の復活へ

しかし、これほどの酒が明治以降、徐々に姿を消し、昭和には幻の酒となった。そこで、長年忘れ去られていた室町時代の酒を現代に復活させようと、活動を開始したのが、先述の産・官・宗3者からなる菩提酛復元を目指すプロジェクトである。プロジェクトの目的は、ただ単に過去の歴史の発掘そのものではない。先人に敬意を表しつつ、菩提酛の製法を復元することによって酒造史における奈良の歴史や役割を見直し、奈良の酒造りの技術を次の世代に伝えることにあった。そして、なおかつ、現代の消費者の口を十分満足させる品質の酒を造ることでもあった。

「それぞれの分野から研究や調査を行いました。その結果、酒造りに必要な三つの菌（乳酸菌・酵母菌・麹菌）のうち、乳酸菌と酵母菌の二つがこのお寺の周辺から見つかりました。麹菌については最適なものを使うなど、菩提酛造りの基本条件が設定され、菩提酛という酒母の製法が確立しました。そして、平成10年（1998）12月11日に国税局の『酒母製造免許』、つまり清酒のもとになる酒母造りの許可がおりました」

現在日本の寺院で、酒造りはもとより、酒母製造を公認されているのは正暦寺ただ一寺という。念願だった菩提酛を用いた清酒の再現、復活の成功は、産・官・宗の合理的でかつ現実的な分業に基づく製法システムにあり、三位一体の固い結束があったからこそ。それから20余年、菩提酛をより高度なものへ、ゴールは未だ先にあるようだ。

◇菩提酛清酒祭—清酒のもととなる酒母造り

室町時代に隆盛をきわめ、昭和には消滅したといわれる菩提酛を用いた清酒造り。

酒母製造の免許が交付された直後の平成11年（1999）1月、正暦寺で最初の酒母造りが始まった。それ以来、毎年1月に清酒のもととなる重要な酒母造りが、菩提酛清酒祭として定着した。

平成30年（2018）1月8日、正暦寺境内の一角に会場が設けられた。その横には菩提仙川が流れ、辺りは冷気に包まれていた。午前10時見学の人たちが集まり出し、寒さにコートの襟をかき合わせながら酒母（菩提酛）造りの様子を見守った。

正暦寺では、大きく分けて二つの工程を経て菩提酛という酒母を造っている。「生米と少量のご飯を

菩提酛の清酒ができるまで （『NHK「趣味どきっ!」2017.4-5』NHK出版）

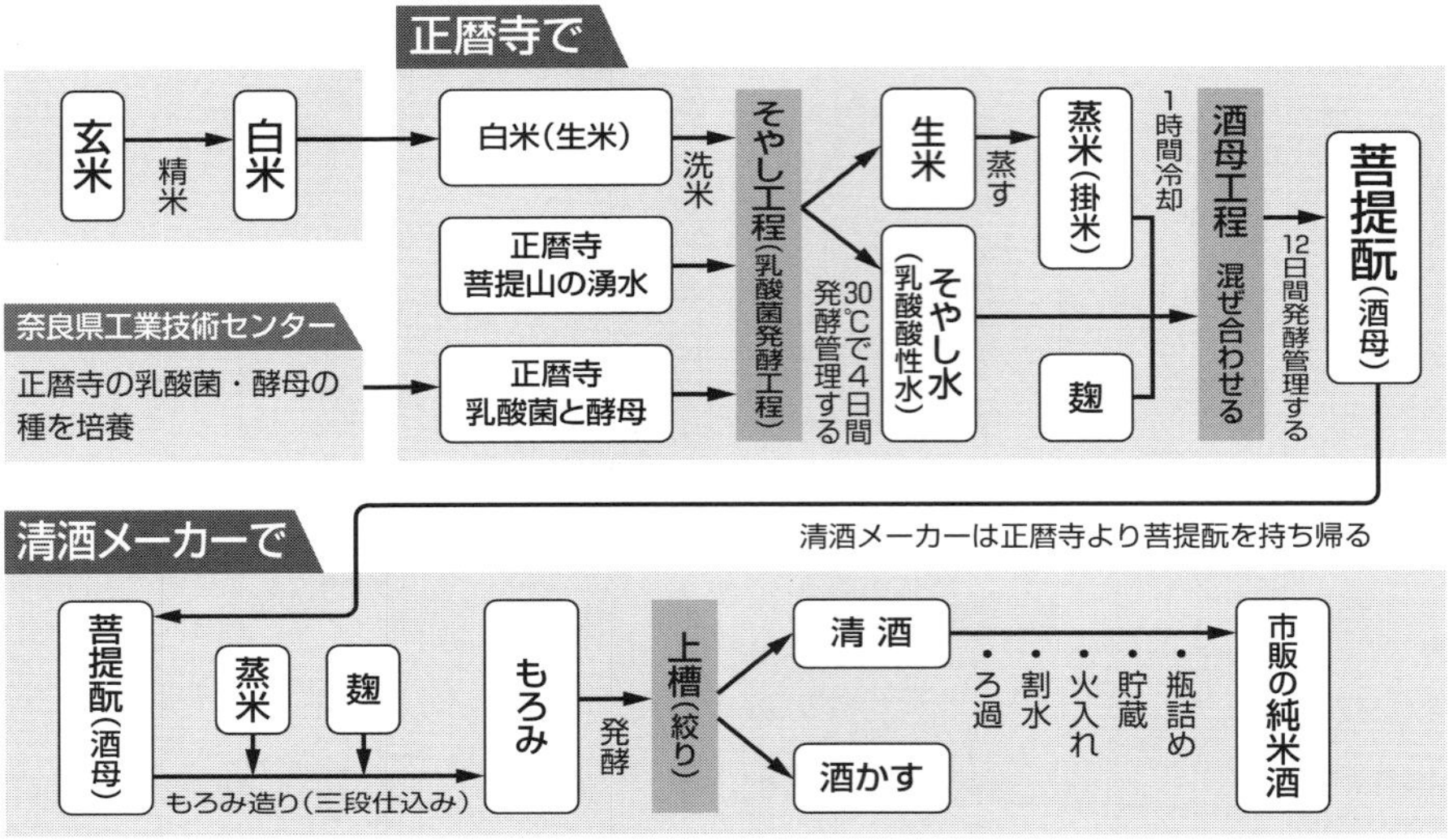

水に浸漬《しんせき》し、温暖な環境下で自然に着生する乳酸菌を増殖させて、乳酸酸性の水（そやし水）を調製し、その水を仕込水としてもろみを製造し酵母を育成する」というものである。

まず一つ目の工程の初度の仕込みである乳酸酸性水（そやし水）を造る工程は、清酒祭の3、4日前から行われ、作業場のタンクには既に〝そやし水〟と生米（菩提山町産の「ヒノヒカリ」使用）が入った状態。

次に、2度の仕込み作業、酒母造りの工程へと入るが、祭当日の見学はここから始まる。

生米を酒母タンクから取り出し、作業場中央に置かれた高さ約1・5メートルの甑《こしき》に移し蒸す。甑を覆う分厚い布は大きく膨れあがり、白い蒸気が冷気を突き破るかのように高く立ち上がる。と同時に周辺は生米が乳酸発酵した酸味のある匂いが漂った。1時間ほど蒸したあと、米を取り出し、筵《むしろ》の上に敷かれた麻布に広げて素早く冷却。これをそやし水の入った酒母タンクに戻して麹を加え、この日の作業は終了となる。

昼から、大勢の人が見守るなか、正暦寺の僧が、酒母が無事に完成し、美味しい酒ができることを願って「醸造安全祈願」の法要を行い、清酒祭は終わった。

　このあと12日ほど寺で発酵を進めると菩提酛ができあがる。完成した菩提酛は研究会員の各蔵元が持ち帰り、それぞれの味の菩提酛清酒を完成させる。そして新酒は桜の咲く頃、店頭に並ぶ。その味は、近年甘口、辛口などのバリエーションが豊かになって各メーカーの個性が出ているが、共通した菩提酛らしさは、濃醇《のうじゅん》で酸味のある味に変わりはない。

　この日は会場で昨年の清酒祭で造られたお酒の試飲が行われ、自分の口に合う酒を買い求める人も。また参加者らで搗《つ》いたできたての餅や、

甑による菩提酛の仕込み

餅つきのイベント

蒸した米を筵に広げ冷ます

粕汁が振る舞われ、会場は和やかな雰囲気に包まれていた。

◇奈良県菩提酛による清酒製造研究会若手蔵元の発起

日本酒の消費量のピークは昭和48年（1973）、第二次オイルショックを迎える頃であった。それ以降日本酒の消費量も生産量も低下の一途をたどっていた。酒造メーカーはもちろん国をはじめ都道府県の酒担当部門は新たな商品開発や技術開発に躍起となっていた。

平成7年頃、八木酒造の八木威樹《やぎたけき》（現研究会会長）をはじめ奈良県下の若手蔵元たちの親睦の場では、何度も菩提酛の話題が出ていた。それは振るわない奈良の酒を復興させるには自分たちは何を、どのようにすればいいのかということについて皆が意見を交わしていたときだったという。

菩提酛は奈良の正暦寺で造られていた。しかも灘や伏見にはるかに先行する室町時代以前からであった。奈良には世界に誇れる酒の歴史があるではないか。「一遍、テストしてみるか！」と声があがり、「そやな、試しにやってみるか」ということになったという。当時、酒造りは杜氏の仕事。蔵元の社長は帳面と大手酒造メーカーとの営業の仕事だけをやっていればよかった。そんな時代、自分たちが酒造りにしかも室町時代に遡ってやるという途轍もない方向に舵を切ろうとしたのである。

八木たち発起人は、酒造組合のすべての蔵元に会設立の趣旨を訴え参加を呼びかけることにした。このとき結集した若い蔵元たちの総意で「奈良県菩提酛による清酒製造研究会」設立が提案され、菩提酛復活への挑戦がスタートしたのである。

八木酒造 八木威樹社長

◇プロジェクトへの参画

技術センターでも、八木たち若手蔵元と同じように清酒の衰退傾向に歯止めを打つべく奈良独自の新商品を目指していた。また、正暦寺も菩提酛を手掛かりに正暦寺の由緒ある歴史の再発見と再認識につなげられないかと考えていた。この時期、世間一般の人に奈良の酒に目を向けてもらえるよう奈良の酒造業界も県の酒造担当部署も寺もその意味で必死に対応策を模索していたのだ。かくして菩提酛復活に向けて一致協力して推進していく環境が整ったといえよう。八木ら蔵元からなる研究会をはじめ、技術センターの担当者そして正暦寺大原住職もプロジェクトの主要メンバーとして参画した。

◇菩提酛復活への課題の克服

技術センターは、菩提仙川付近で採取した菌が菩提酛づくりに最も適した乳酸菌であることを確認した。この乳酸菌発見と研究成果によって、菩提酛＝酒母づくりは技術上可能となったが、実現にはいくつかの課題があった。

その一つ目は、どこで菩提酛を造るかである。「わけの分からん酵母やから、もし自分の酒蔵が汚染されたらかなわんって言うてね」と八木は明かす。酒蔵に居つく菌の違いで酒の味が変わってしまうというリスクを恐れるからである。いくらセンターのお墨付きを得たとはいえ製造場所のハードルはかなり高かったのである。

二つ目は、誰が菩提酛造りの主体になるかである。酒は税務署の酒造免許がなければ製造できない。酒母も同様で、酒母製造免許が必要である。それらの免許を持った会員の蔵元のどこも引き受けなければこのプロジェクトは先に進むことはできない。

三つ目は、菩提酛を使ってどんな酒に仕上げるかである。菩提酛＝酒母は甘くて酸味が強い。各蔵元共通の酒度と酸度を設定するか、各蔵元の裁量に任せるかいずれかの方向を決める必要があった。

菩提酛造りの場所と製造免許の課題は、同時に解決した。それは、正暦寺が境内のしかるべき場所で菩提酛を製造、そのため必要な酒母製造免許を取得する、という一石二鳥の解決方法であった。

正暦寺での菩提酛＝酒母造りは可能となったが、実際に取りかかると大変であった。大原住職と一緒になって正暦寺の境内の適切な場所（現在の駐車場の横の敷地）を決め、そこにタンク、ボイラーなど最少必要限度の設備を備えなければならなかった。結構小高い丘上で「リフトもない中、重いパーツを人力で運んで組み立てた」という。甑といって米を蒸したり酒母づくりの工程で使用するタンク、湯を沸かすボイラー、水を引き込み配水するパイプ等々。これらの装置を手造りで効率よく配置してお寺の境内にミニ酒蔵を何とか完成させたのである。

三つ目の酒の味の課題について、八木は「当初は、室町時代の酒を再現するということで、濃醇・旨口の酒にしようと決めました。当世はやりの端麗辛口の真逆です。日本酒度マイナス5度前後、酸度2・0前後に持ってこれるよう各社に頑張ってもらいました」と、一定の基準を設けそれに沿って各社が酒の仕込みを行ったと語った。かくして、平成11年（1999）4月、正暦寺清酒祭りで造った菩提酛の清酒が研究会の蔵元から一斉に発売された。

八木酒造本店（奈良市高畑町）

毎年3月、研究会で新酒の品評会が行われる。現在まで続けてきた菩提酛による清酒製造の大切な行事である。その年の酒が菩提酛の酒にふさわしい品格をもっているかを優・良・可・不可で判定する。その後菩提酛の認証シールが貼られ商品となって出荷されるのである。

菩提酛認証シール

◇菩提酛で最適の食中酒をつくる

生駒市の小瀬地区はかつて奈良街道がとおり、暗峠から矢田の間に位置する宿場町であった。研究会のメンバー駒井大《こまいだい》が社長を務める菊司《きくつかさ》醸造は、奈良と大阪を行き来する人で賑わう当地で代々庄屋も務めてきた蔵元である。

駒井は関西学院大学を卒業後、老舗の食品商社に就職し8年ほど営業職を経験、商売の実践を積んでから蔵元を継いだ。30歳であった。

商社で商売のコツはつかんだ、酒造りは杜氏に教えてもらえばなんとかなると思ってこの道に入った駒井であったが、その年の大晦日、頼りにしていた杜氏が急死した。この杜氏の死を契機に駒井の発想は大転換する。「自分が杜氏をやる。それしかない」と。

菊司醸造 駒井大社長

そのとき以来、自ら杜氏を務め会社を牽引してきた駒井は、誰よりも食中酒への強いこだわりをもつ。だから、菩提酛の酒も辛口があってもいい。「菩提酛の名をもっと世間に広めていくためには、菩提酛で造っても辛口の酒もできるしもちろん甘口の酒もできる。これまでの決まりに縛られない酒造りに挑戦してみてはどうか」。10年前、会員の中から声があがった。駒井もその一人であった。

「食べるものに邪魔しないお酒」こそ食事の最良の友。駒井は、吟醸酒の持つ香りは食事の邪魔をす

菊司醸造本店（生駒市小瀬）

る、「飲んだら勝手に盃が進む酒が理想」と断言する。だから「食事の友として食中酒は辛口の熱燗が一番」と言葉に熱が入る。

菩提酛を使用した「菊司」は勿論辛口。各蔵元の菩提酛使用酒の中で辛口の一角を占め、甘口と酸味を訴えてきた菩提酛の可能性に限界がないことを物語っている。

◇素材のこだわりを一旦おいて奈良由来の酒を

奈良県の金剛・葛城山系の麓、高野街道筋に面して同じく研究会メンバーの久保伊作《くぼいさく》が社長を務める葛城酒造がある。久保は、酒米《さかまい》は「備前雄町《びぜんおまち》」にこだわって差別化を図っている。ある精米機メーカーから、備前雄町が高価すぎて買い手がなく岡山の産地では頭を抱えているという情報を得たのが契機であった。

葛城酒造 久保伊作社長

幻の米ともいわれた備前雄町は別名「渡船《わたりぶね》」ともいい、これから「山田錦」が生まれ、他の品種と掛け合わせて「菊水」や「五百石」といった優秀な酒米が生まれた。備前雄町は数多くの子孫をもつ実に優れた品種なのである。久保はこの情報をもとに備前雄町を試してみた。そして、その味の深みと旨味、端麗な味わいにほれ込んだ。以来主要銘柄で積極的にこの備前雄町を投入してきた。素材の厳選を徹底することこそが自社のアイデンティティの確立につながると思えばこそのこだわりといえよう。

葛城酒造本店(御所市名柄)

しかし、備前雄町に徹底的にこだわる久保ではあるが、毎年1月には、正暦寺で収穫した食米「ヒノヒカリ」でつくる酒母＝菩提酛を持ち込み奈良産の食用米「キヌヒカリ」を酒の仕込みに使っている。久保は、家業の酒造りが金剛・葛城山系の風土の恩恵に浴してきたことを決して忘れてはいない。ここでは切り替えて郷土奈良を前面に出すことに躊躇しない。

「奈良の蔵元であるからこそ、雄町一筋のこだわりを一旦おいてでも菩提酛を外すことはできないでしょう」と言い切る久保に、研究会発足時からのメンバーとしての責任感と使命感が伝わってくる。

◇奈良酒文化の継承

研究会ができて20年余りが経過した。設立時15社あった蔵元の会員は廃業などで現在8社になった。しかも世代交代もすすみ、会の設立理念への認識が薄らいできていると感じた会長の八木は、平成30年度の総会で技術センターの元所長で奈良酒専門店「なら泉勇斎《いずみゆうさい》」の山中信介《やまなかしんすけ》を講師に招き菩提酛の再現について講話をしてもらった。山中にしても、研究会設立当初のあの熱気と挑戦心を次の世代にも受け継いでいってほしいとの一念で10年ぶりに熱弁をふるったという。

菩提酛の清酒造りのメリットはどこにあるのか。はたして商業ベースに乗るのだろうか。その点を八木に率直に尋ねた。八木はすぐさま「製造のメリットというのは、基本、文化の継承でしょう」と答えた。

菩提酛は、かなりの手間暇をかけてつくられる。しかも菩提酛の清酒は正暦寺で造られた酒母だけを使うということから当然生産量は限られてくる。蔵元にとっては採算が厳しい商品といえるだろう。しかし、八木ら研究会メ

日本清酒発祥之地碑と菩提酛創醸地碑（正暦寺）

ンバーは世代交代の節目に遭遇しても活動をあきらめる様子はまったくない。ユネスコ無形文化遺産となった和食に続こうと、国内で日本酒の文化遺産申請が取りざたされている今、清酒発祥を標榜する菩提酛の継承がなお一層重要になってくるのは明らかである。

正暦寺に建つ「日本清酒発祥之地」と「菩提酛創醸地」の二つの碑は、いずれも平成12年（２０００）に研究会が建立したものだ。研究会設立間もない頃の参加メンバーの意気込みが深く刻まれているかのようである。

奈良正暦寺こそ清酒発祥の地

奈良観光の中心地奈良町で奈良の酒を専門に扱う「なら泉勇斎」を営む山中信介は、２０年前技術センターの総括主任研究員として菩提酛の開発に参画したリーダーの一人。それだけに菩提酛には並々ならぬ愛着がある。店のケースの一画には菩提酛でつくられた酒の全銘柄が並べられている。来店客が菩提酛シールを貼付した酒を手に取り興味を示したと見るやすぐさまアプローチ、奈良酒の歴史の蘊《うん》蓄《ちく》を客に語ることを日課としている。

なら泉勇斎 山中信介代表

菩提酛開発に先立ち、山中は過去の歴史の検証からはじめた。室町時代に書かれた民間の酒造技術書である『御酒之日記』や興福寺の塔頭多聞院で3代にわたって書き継がれた『多聞院日記』をつぶさにあたり、正暦寺の菩提酛のメカニズムや製法の解明に取り組んだ。

技術畑でありながら、日本の酒の歴史を徹底的に研究し頭に入れたうえで、科学的・技術的根拠に基づき菩提酛の復活を身をもって実現した山中は、われこそは清酒発祥の地と名乗りをあげている他市を一蹴、「清酒発祥の地は奈良をおいて他にない」ときっぱり言い切る。
ショップの壁に、正暦寺大原住職の揮毫による「なら泉勇斎」の書額が掲げられている。取材の日も若い3人連れの女性客がカウンターに陣取り、楽しそうに奈良酒の試飲をしていた。内外の観光客も多いが地元の常連客も結構いるという。奈良の酒だけに囲まれた独特の雰囲気は、また格別である。

なら泉勇斎（奈良市奈良町）

なら泉勇斎店頭に並ぶ菩提酛の純米酒

（敬称略）
中田 紀子・奈良21世紀フォーラム
（取材／記・2019年）

参考文献

・『日本書紀』日本古典文学大系・岩波書店
・『大三輪町史』大三輪町役場・中央公論事業出版
・『日本の酒の歴史―酒造りの歩みと研究―』研成社
・論文『清酒のルーツ、菩提酛の復元―奈良の「産」「官」「宗」連携プロジェクトの記録―』住原則也
・中公新書『日本酒ルネサンス』小泉武夫

取材協力

大神神社

奈良の製墨業

墨の歴史と古梅園

興福寺

古梅園本店（古梅園提供）

「墨づくりは、気の遠くなるような時間と手間がかかる超アナログ的な仕事。瞬時に情報がかけめぐる現代において、残っていることが奇跡と思えなくもない」と芸術新聞社の編集者が雑誌『墨』（２１５号）の特集で述べている。奈良の製墨業の現場をつぶさに見てのため息にも似た感慨が伝わってくる。

毎年秋、正倉院展が奈良国立博物館で開催されている。多くの人々がこの時期奈良を訪れ、連日長蛇の列が連なる関西最大のイベントだ。そこに出展される仏経典の数々は1千年を超えてなお墨痕鮮やかであたかも墨香豊かに漂ってくるかのようであり私たちを惹きつけてやまない。

墨をつくる現場とその墨で記録し表現する書との対照的な世界は、伝統文化という形で古都奈良において実に見事に融合・結実する。

◇墨の歴史

１　古墳時代

古代中国において発祥し朝鮮、日本を包含し今日に至る漢字文化圏において「書」は表現と文化の根底をなすものである。文字を書により視覚化し優れた記録手段であると共に表現手段として芸術性を獲得するに至ったことは、漢字文化圏の高揚とアイデンティティ確立に大きく寄与した。

筆・墨が中国で発明され、竹や木簡の時代を経て紙の発明とその普及に伴い、書は国の統治における記録手段の首座を占めた。さらに仏教の東方への広がりによって、万巻の経典の翻訳や書写のために多くの筆・墨が必要になった。

『日本書紀』巻22によると、「墨」が朝鮮経由でわが国に伝来したのは推古18年（６１０）で、高麗王が僧曇徴《どんちょう》と法定《ほうじょう》を派遣し、曇徴が紙、墨のすぐれた製法を伝えたことがはじまりとされる。古墳時代日本には墨はすでに伝わっており、大和朝廷では漢文が筆墨で書かれていた。墨のほとんどは貴重な輸入品で、松を燃やすことで得られる煤を原料とした「松煙墨」であった。書紀の記事は、曇徴によりさらに革新的な松煙墨の製造技術が紹介されたと見るべきであろう。

曇徴来朝のほぼ90年後、大宝元年（７０１）「大宝律令」が制定され、その中で造墨手４人が図書寮《ずしょりょう》に配属されている。

２　奈良時代

墨が実際に国産化されるのは天平勝宝４年（７５２）の大仏開眼の頃で、それ以前はすべて舶来品であった。民間での製墨はまだ行われておらず、ようやく赤松が生い茂る土地であった山城国和都賀（または和豆賀。当時は渡来人の定住地。現在の京都府和束町）や針間（播磨国。現在の兵庫県）の国営の出先作業所で松煙墨の生産が始まった。

奈良時代、仏教は国の保護を受け大いに興隆する。墨の用途の第一は写経であり、墨１丁で写経用紙４００枚が書かれた。墨の需要はますます高まる一方であった。墨の製造に欠かせないもう一つの重要な原料である膠の国産化は、平安時代に入ってからである。

3 平安時代

康保4年（967）に施行された延喜式によると墨の年産は400丁で事務量に応じ各官司へ年間数丁から十数丁支給されている（合計382丁）。

時あたかも藤原氏の貴族文化が開花、『古今和歌集』『源氏物語』などが平仮名で書かれ日本独自の書の文化が発展をとげた。

4 鎌倉、室町時代以降

興福寺二諦坊にて油煙墨の製造を始めたのは僧性《しょう》厳《ごん》で、鎌倉時代初期には製造技術として確立している。なお、前述の延喜式記載の墨は油煙墨であったようで、中国での油煙墨製造の記録は11世紀後半であり、油煙墨（後掲の 補遺（5）「松煙墨と油煙墨」を参照）の製造は日本の方が早かったことになる。

平安時代から鎌倉時代へかけて、写経供養に加えて摺り供養と称し各種経典が木版により印刷・開版（出版）された。主産地の京都で摺られたインクは松煙の淡墨であったが、鎌倉時代に入って、奈良では色の濃い油煙が主流になった。

応仁の乱後各地に一揆が頻発し下剋上の時代が到来し寺院勢力が衰退した。製墨が僧坊から町家に移ったのは桃山時代であり、古梅園初代松井道珍《どうちん》が創業した天正5年（1577）頃に一致する。

5 江戸時代の奈良の製墨業

江戸時代に入り、南都の奈良町では製墨業の展開が見られる。寛文10年（1670）では15軒、宝永年間（1704～1710）では38軒の墨屋が名を連ね池ノ町に松井和泉（5代目松井元規《げんき》）が見られる。下って文政2年（1819）、南都製墨家名控には55軒を数え、油煙灰焼専門の業者も出現している。奈良でつくられる墨の名声とともに墨屋の京、大坂、江戸への出店も相次いだ。

◇古梅園の歴史と現在

1 歴代当主の事績

（1）初代松井道珍（1528～1590）

道珍の父松井道正は、楠木正成9世の裔《すえ》で大和国十市《とおいち》（現在の奈良県橿原市）城主中原遠忠《とおただ》の家臣であったが、遠忠の死後争いを避け道珍と共に南都に移転、道珍は天正5年（1577）製墨業を創業した。朝廷の御用を務め官名土佐掾を拝領した。

（2）2代目松井道慶《どうけい》（1578〜1661）

（3）3代目松井道壽《どうじゅ》（1611〜1697）

道壽は、元禄2年（1689）江戸幕府の御用を務めるため江戸支店を開設した。道壽は風雅を好み梅を愛し、数十株の梅を植えた庭をつくり「古梅園」の淵源となった。

古梅園の梅の木（古梅園提供）

（4）4代目松井道悦《どうえつ》（1641〜1711）

（5）5代目松井元規（1660〜1719）

元規は、学問を好み東庵と号し伊藤仁斎に師事した。漢詩を能くし、正徳元年（1711）来日した第8回朝鮮通信使製述官（通信使の正官の一つ。書状官あるいは従事官とも呼ばれた）李礥（官僚選抜試験の科挙を首席で合格した人物と伝わる）と交流した。さらに元規は、興福寺二諦坊で、唐工に比べ技術に劣る松煙墨の研究を深め、国産松煙墨の声価を高めた。また、皇室への出入りを目的に正徳4年（1714）京都に支店を開設した。

現在の古梅園京都支店（京都市中京区）

（6）6代目松井元泰《げんたい》（1689〜1743）

元泰は、墨の研究と改良に努めた。晩年に幕府の許可を得て長崎に赴き清の文人と交流し製墨法の研究を深め、『古梅園墨譜《ぼくふ》』『古梅園墨談《ぼくだん》』を著した。また、享保7年（1722）に大坂支店（現在の大阪市中央区南久宝寺町4‐13‐1・心斎橋）を開店している。

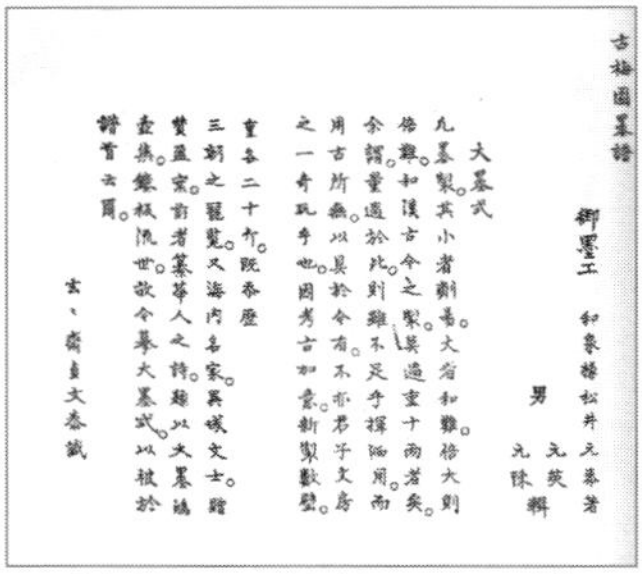

『古梅園墨譜』（古梅園提供）

『古梅園墨談』（古梅園提供）

（7）7代目松井元《げん》彙《い》（1716～1782）

元彙は、『古梅園墨譜後編』を著し、後世に残る「紅《こう》花《か》墨《ぼく》」を創製した。この墨は、名前の由来である紅花を色料として加え黒みを一層際立たせたもので、今日まで日本を代表する墨となっている。6代目元泰とともに、奈良でつくられる墨の声価を高める上で大きな役割を果たした。

紅花墨の大型看板
（古梅園）

（8）8代目松井元《げん》孝《こう》（1756～1782）

元孝は、後述の『蒹《けん》葭《か》堂《どう》日記』にその名が残る。

（9）9代目松井元《げん》誼《き》（1799～1857）

（10）10代目松井元《げん》長《ちょう》（1828～1876）

元長は、ペリー来航の頃江戸末期の製墨業者18軒の一つであった。王政復古の機運に際し京都に数年滞在し朝命に応じ御用を務めたが、明治維新により土佐掾を奉還した。

（11）11代目松井元《げん》淳《じゅん》（1862～1931）

元淳が当主を継いだ時は弱冠16歳であった。一時は大阪店の小売りだけで家計を維持したとも伝えられるが、閉鎖的な家法を改め開放的な経営方針をとり、大正4年（1915）株式会社古梅園を発足させ初代社長に就任。第5代奈良市長を務めるなど傑物であった。

奈良公園の改良、奈良歩兵第38連隊（奈良連隊）設置、奈良女子高等師範学校（奈良女高師）の設立に貢献し、大正5年（１９１６）大正天皇畝傍行幸に際しご引見賜った。

（12）12代目松井貞太郎《ていたろう》（１８８４～１９５２）

貞太郎は、戦前の貴族院議員で第12代奈良市長（昭和12～14年）を務めた。昭和24年（１９４９）発足し、貞太郎が初代理事長を務めた奈良製墨協同組合は平成11年（１９９９）創立50周年を迎えた。墨を奈良名産とする基礎づくりに貢献し、台湾・中国本土に販路を広げた。

（13）13代目松井元慎《げんしん》（１９１３～１９６７）

元慎は、戦後の義務教育の習字禁止等の混乱期に社業と業界のため奔走した。

（14）14代目松井元祥（１９４６～１９９６）

（15）15代目松井淳次《じゅんじ》（１９４７～２０１０）

（16）16代目松井晶子《しょうこ》

晶子（現古梅園社長）は、京都古梅園を古梅園に合併した。

2 古梅園を愛した人々

（1）「古梅園サロン」

江戸時代中期、大坂生まれの文人・本草学者木村巽斎（号は蒹葭堂）の「蒹葭堂サロン」には、全国から文人・墨客が集まっていた。『蒹葭堂日記』には、松井和泉（8代目元孝）や古梅園大坂支店長もこのサロンに文人としてあるいは出入り商人として度々顔を出していることが記載されている。実は奈良の古梅園にも高名な文人が出入りし、自家用の墨を発注している。

木村蒹葭堂をはじめ大和郡山藩士で日本南画の先駆者である漢詩人・文人画家の柳沢淇園《きえん》。京都生まれで淇園の弟子、日本南画の祖と呼ばれた池大《いけのたい》雅《が》。長崎生まれで清国人の父をもつ書家で篆刻《てんこく》も能くした趙陶《ちょうとう》斎《さい》。京都生まれで、父伊藤仁斎から教えを受けた儒者で荻生徂徠や新井白石と親交をもった伊藤東涯《とうがい》。大坂生まれの儒者で懐徳堂堂主の中井竹山《ちくざん》等々、江戸時代を通じて活躍した多くの文化人の墨譜（木型、墨の現物）が残されている。

木村蒹葭堂の墨（古梅園所蔵）

中井竹山墨譜（古梅園所蔵）

（2）奈良奉行のお立ち寄り先

　奈良奉行川路聖謨《かわじとしあきら》は幕末最後の名官僚である。川路が楽しみにしていた寄り道先が、古梅園であった。毎日日記を認《したた》める川路は唐墨《とうぼく》を愛用していた。墨や紙についてはことのほかこだわる。例によって古梅園に巡見名目で立ち寄った際、唐墨のように柔らかい硯あたりの墨は作れないのかと問うたところ、松煙と膠の調合割合如何でそれは可能である、との答えが返ってきた。川路は硯あたりの柔らかさは、唐墨は膠が淡く和墨は膠が濃いからだと誤解していたことに気づき、調合割合を調整すれば唐墨に劣らない墨ができ、唐墨は不要になると納得した。古梅園にはそれができる。日記『寧府紀事』には嘉永元年（１８４８）５月29日の出来事としてそのように書き留められている。

　古梅園に立ち寄った奉行は川路だけではなかった。７代目元彙の頃、奈良奉行石黒易慎《やすちか》も寛延２年（１７４９）５月21日、公儀御用墨調合所検分のため店に立ち寄り、墨部屋や灰焼部屋などをつぶさに見て回った。茶を飲んだ後、入念な墨づくりや墨部屋の裏回りがきれいなことを褒めて帰ったと『奈良記録』に書かれている。

（3）平賀源内と「紅花子《べにばなし》油烟墨」

江戸時代中期の蘭学者で物産学者の平賀源内が、『物類品隲《ぶつるいひんしつ》』のなかで墨について、興福寺二諦坊の油煙墨や古梅園松井元泰の大墨の事績に加え、古梅園製造の油煙墨は12種あり「紅花子油烟墨」もその一つであると紹介したことから一段と「紅花墨」が世に広まるところとなった（紅花子とは紅花の種のこと）。

実際は油煙ではなく色料として紅花を使用していたのであるが、いずれにしても、当時、紅花墨に欠かすことのできない材料であったことに変わりはない。

3 現在の古梅園

（1）現在の古梅園本店の建物、敷地（約１０００坪）は江戸時代と変わらないが、大正年間に建て替えられており、「登録有形文化財」に指定され製墨工場の見学を含めて観光の名所になっている。

（2）現経営陣へのインタービュー

16代目当主の松井晶子社長と社長を支える竹住享営業部長より経営上の問題点や今後の可能性をきいた。

① 経営課題

当社は固形墨製造が80パーセントを占める。当社がなぜ固形墨にこだわるのかー。それは、自家製の油煙煤と墨用に特別仕入れた膠を原材料にして手作りするという先人の強い意思と歴史を受け継ぎ、顧客に墨を届けることを使命としているからだと明確な答えが返ってきた。原材料費は高止まりとはなるが、それだけこだわりの価値をもった墨ができ、お客様からの揺るがぬ信用を得ることができると確信している、という。企業経営としての採算を軽視はしないが最大目標にはしない、という古梅園のアイデンティティはまことに強固である。

古梅園本店

②墨職人と原材料

職人の確保と原材料の入手は大きな課題ではないか。すると、意外な答えが返ってきた。職人は確保できている。しかも全国から強いモノづくりへの関心があり、東北の山形県からも当社への応募があったそうだ。

現在は正社員採用であらゆる職種を経験させせいわばオールラウンドプレイヤーとして育成している。だから職人の確保について心配はしていないという。

原材料についても今のところ問題はないという。煤は菜種油で自社生産しているほか、敷地内の蔵にはこれまで相当量の煤を備蓄している。

墨用膠は、伝統的手法で墨用膠を製造していた業者が30年前に工場を閉鎖した。当社は事態を予測し、早くから備蓄に努めたので相当量の墨用膠を集めることができた。最近になって工業用ゼラチンの製造メーカーが少量ではあるが墨用膠の生産をはじめており、膠に関しても今のところ心配はないという。

③ 国内外の市場動向

　国内需要は確かに縮小している。一例をあげればイベント需要。出展前に２００～３００枚も書いた中から選んでいたものが今は２～３枚の中から出展作を決める傾向になっている。

　しかし、書道のすそ野が広がる動きはある。例えば絵手紙。老若男女に拡大している。単価は低いが、マスになれば軽視できない市場になる。インバウンド需要も大きい。海外需要は、韓国や台湾への輸出が増えている。これらの国では書道の習慣が残っており、とくに高齢者の中に古梅園を覚えていて指名買いも多い。中国では、最近小学1年生に書道を教え始めた。今後全土に広がれば大きな需要が期待できるという。

（3）古梅園における墨の製造工程（松井社長と竹住部長の説明による。写真は古梅園提供）

① 採煙

　創業以来まったく同じ製法で、菜種、胡麻、椿、すずしろなどの油を使用して煤をとる。

　採煙のときに燃やす灯心は奈良県安堵町で採れるいぐさの髄を撚って作るが、使用する灯心の太さで粗い煤、細かい煤になる。紅花墨の頭部にある星の数は墨の粒子の大きさを表し、星が多いほど粒子が細かくなる。

② 膠溶解

　煤と混ぜる膠は、牛、馬、鹿、ロバ、山羊などの骨から作る。高温の夏場は膠が痛みやすくなるので墨づくりは10月から3月の寒い時期に行う。墨に欠かせない香料は、龍脳《りゅうのう》（熱帯アジアに分布するフタバギ科の常緑高木で、樟脳に似た芳香がある）などを使用し独特の香りをつける。

③木型

墨づくりの肝になる重要な道具は木型。木目が少なく彫りやすい梨の木で作られており今なお江戸時代や明治の木型が使用されている。

④型入れ

煤と膠と香料を含ませやわらかく練りあげた墨を木型に入れ成型する。

⑤灰乾燥

木型から取り出した墨を木灰に埋めて乾燥させる。小型の墨で1週間、大型で30日から40日ほどかかる。灰の中には江戸時代のものも引き継がれている。

⑥自然乾燥

灰乾燥が終わると別の部屋で藁で編んで吊るし、半月から3カ月間室内乾燥する。

⑦磨き

室内乾燥後、蛤の貝殻で墨の表面を磨く。この技術は松井家5代目から7代目の当主が開発した当社独自のノウハウで、これによって墨の美しい光沢が生まれる。

⑧彩色

磨きをかけた墨を3日ないし1週間空気乾燥した後、金・銀粉やその他の絵具を使って彩色して墨が完成する。

◇まとめ ― 墨こそ奈良の誇り

17〜18世紀の古梅園5〜7代目当主元規・元泰・元彙は時の皇室、将軍家の指示と期待を受けてそれぞれ才能と熱意により中国や新羅からの舶来品に劣らぬ水準の墨を製造した。筆者には古くは藤原京、平城京の建都や明治以降の欧風化による国威発揚と重なる。つまり優れた和墨の製造は、我が国の文化、国威の発揚であり面目であった。

和墨の製造は奈良に始まり、現在国産固形墨の95パーセントの生産を奈良が担っている。漢字文化の根底を支える書・墨は、単に文化遺産にとどまらず将来にわたって優れた芸術作品を生み出す現役のツールであり、奈良の誇りでもある。

〈主な工程〉

採煙

木型

型入れ

灰乾燥

自然乾燥

◇補　遺

高級固形墨を頂点とする製墨業について墨の種類と多様な用途、風土産業として奈良に根づいた要因とその他関連項目、将来展望を確認しておく。

（1）墨の種類・用途

①玉墨（マーク墨）荷札等

②合煤（松煙と弁柄）京の町屋のべんがら格子

③削り墨　ビラ、提灯、看板、木版摺り

④江戸の黒板塀の塗料

⑤固形墨・液体墨　書写用

⑥古くは刺青用

⑦薬（胃薬）

（2）墨の大きさと数え方（参考：古梅園製墨定価表）

墨の大きさは、1丁形とか2丁形というふうに丁形で表す。重さが基準となり1丁形は15グラム、2丁形はその2倍30グラム、10丁形になると150グラムになる。また、墨は丁の単位で数える。1個は1丁、10個ならば10丁となる。

（3）油煙墨と空海伝説

国産の墨の製造は、空海が大同元年（806）唐より帰国し、弘仁元年（810）東大寺別当に任ぜられたころ、興福寺の二諦坊にて油煙墨の製法を教えたことに始まるとされるが、中国での油煙墨の製造の始まりは宋、神宋の時代（11世紀）で空海没後約200年であり空海伝説の一つだと思われる。ただし、墨（油煙墨）の生産が僧坊（二諦坊）にて行われたのは事実で多聞院、大乗院でも生産され、二諦坊はその中心で2度にわたり兵火に侵され

「李家烟」・興福寺二諦坊に伝わる墨形（銅製）で再現された古墨

ながら生産を継続し、明徳・応永（１３９０〜１４２８）頃が最も盛んであった。

（４）元興寺の製墨土器

平成30年（２０１８）９月、奈良市の元興寺法輪館で「元興寺創建千三百年記念大元興寺展」が開かれた。貴重な出展遺物の中に、「製墨土器」があった。14世紀初頭の土坑から出土したもので、天井部を丸く仕上げた蓋状になっている。内側には煤の痕があり、図録では「本品は油煙墨の起源を示すものである」と説明されている。現在古梅園で使用している煤を集める器とよく似た形状で、この製墨土器からも奈良の油煙を使った墨づくりの手法が７００年余りを経た今日もなお続いていることがわかる。

（５）製墨が風土産業として奈良に根づいた要因

①東大寺、興福寺をはじめとする神社・仏閣および平城京各役所の書写ニーズ

②僧院における製造技術（高度な手づくり技術）の伝承

製墨土器（左上・外面：右下・内面）
（奈良市教育委員会所蔵）

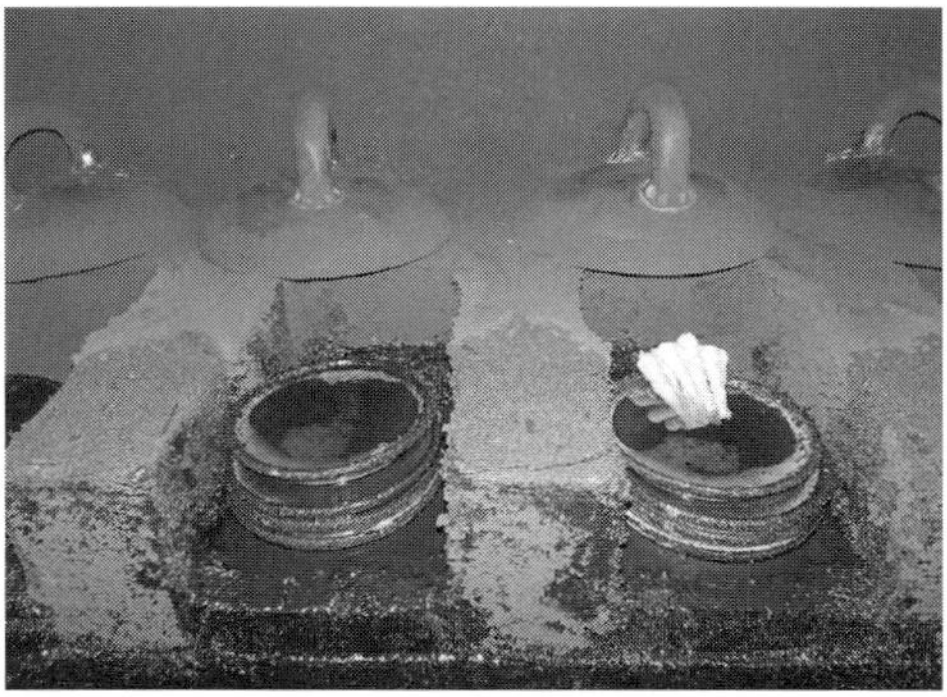

現在使用されている採煙器具
（古梅園提供）

③松煙用松材の入手難と油煙墨へのスムーズな移行を可能にした近郊での菜種の栽培

④木彫型用硬木（ビワ、梨）の調達と一刀彫彫刻技術の伝承

⑤製墨に従事してきた経営者、職人、下請け業者（磨き・彩色を担う家庭の主婦）の才能、努力・勤勉、愛情、誇り

⑥製墨業は近年3K産業とか言われるが、江戸・明治期には煤でまっくろに汚れた手はむしろ誇りであった。手についた極く微細な煤が指紋の筋の中に食い込んで洗っても落ちないのだ。

⑧生産の困難さや生産性の低さが問屋制手工業への移行、商品化（コモディティ化・日用品化）を遅らせた。

（6）松煙墨と油煙墨

松煙墨と油煙墨については墨の主原料である煤の製法（原料と採取法）の違いであって油煙が中国の宋代に始まる直接の要因は、原料となる松材の枯渇にあった。そのため松に代わる新しい材料となったのが油煙である。しかし、油煙墨の登場には煤の元となる油をとる荏胡麻や菜種の生産量が十分に増えるのを待たねばならなかった。それぞれの煤の化学的成分に違いはない。中国は松煙をわが国では油煙を重用しそれぞれの国の紙になじむとか色の違い（濃淡等）を説かれるが印象評価の域を出ない。

（7）「古梅園製墨販売部」

奈良市の手向山神社の南、若草山山麓に（株）鍛冶商店が経営する「古梅園製墨専売店」がある。古梅園11代目元淳筆の「古梅園製墨販売部」の看板が揚げられており、元淳と昵懇であった現社長鍛冶佳広

鍛冶商店（奈良市）

の曽祖父捨吉が大正2年（1913）創業している。

古梅園直営の本店、京都店を除けば、100年を超える現存唯一の専売店である。同店では、6代元泰（貞文）が著した「古梅園墨譜」の巻首にあげられた大墨「龍媒」（4貫800匁（18キログラム）直経46センチメートル）を所蔵している。毎年正月に店頭に展示公開しているが既に製造後300年を経過しており、和墨の寿命は400年ぐらいなので取り扱いには注意を要する次第である。

（敬称略）

大墨「大玄鴻寶」龍煤
（『古梅園墨譜』より）

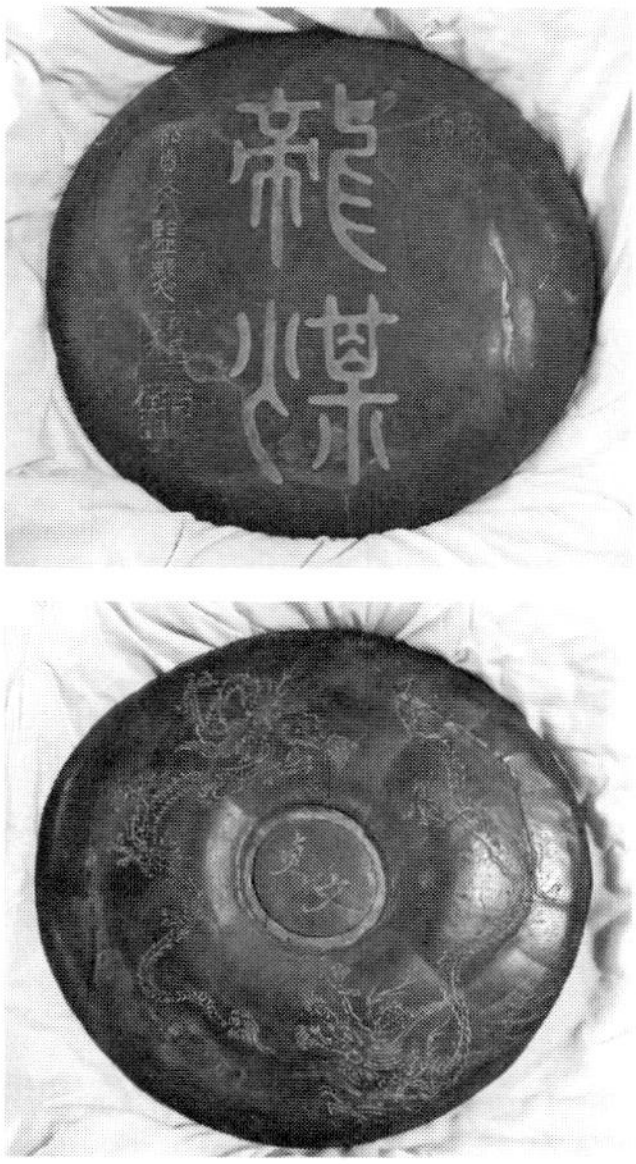
龍煤（上・表面：下・背面）
（鍛冶商店所蔵）

江並 一嘉
（記・2019年2月）

取材協力

㈱古梅園
㈱鍛冶商店

参考文献

松井元泰『古梅園墨譜』古梅園
安彦勘吾『奈良の筆と墨』奈良市
山田鴻一郎『奈良製墨文化史』奈良製墨組合
仙石正『新・墨談』内田鶴圃新社
植村和堂『和硯と和墨』理工学社
月刊誌『墨』215号 芸術新聞社

あとがき

本書を企画して今日のゴールを見るまで、足掛け7年かかってしまいました。大幅な遅延の原因は、出版事業に全くの素人がひたすら使命感に燃えて、前後の見境なくスタートしたためですが、ここまでたどり着けたのは関係者、特に趣旨に賛同し協力していただいた脇本祐一氏をはじめとする執筆者の皆さんと取材に応じてくださった各社の代表者の方々のお蔭です。とりわけ大和ガス中井会長様には物心両面にわたりご支援、ご鞭撻賜りました。深く感謝申し上げます。当フォーラムにおいては、元理事長森本公誠東大寺長老様、同じく元理事長堀井良殷関西・大阪21世紀協会理事長様および特別顧問・理事の近鉄グループホールディングス相談役故山口昌紀様のご指導と、私江並から編集責任者のバトンを受け一気呵成にゴールを目指して走られた企画委員、長谷川俊彦氏の熱意、努力の賜物であります。

内容につきましては本文をご参照いただきたく詳細は省きますが、取材させていただいた企業、企業人は、当フォーラムの理事を中心に現在奈良県経済界でご活躍中のそれぞれの業界を代表される方々にご依頼申し上げました。ただし当初は13社を予定しておりましたが、よんどころのない事情で12社となりました。奈良の風土産業には欠かせない、酒造業、製墨業につきましては1社に絞り切れなかったため業界をまとめる記事となりました。酒造業につきましては、正暦寺様および菩提酛復元プロジェクト参加各社と奈良豊澤酒造様に、製墨業につきましては古梅園様にご指導をいただきました。もう一つの重要な柱である繊維産業には取材が及びませんでした。後日を期したいと思います。

出版に当たり特に留意いたしましたことは、収支バランスを計りながら、東京・大阪を含めできるだけ広範囲に配本・販売を行い、多くの方にお読みいただくことであります。各地図書館への献本も積極的に進めてまいります。拡販、コストダウンに関しましては大阪の出版社澪標および企画会社インサイトにご協力いただきました。両社には深く感謝の意を表します。

江並　一嘉

執筆者

脇本　祐一

昭和22年（1947）生まれ。大阪府出身。歴史ジャーナリスト。元日本経済新聞社編集委員。著書に『豪商たちの時代』『街が動いた ベンチャー市民の闘い』『阪神大震災 記者の見た三百万人の軌跡』など。奈良県生駒市在住。

大塚　融

昭和16年（1941）生まれ。東京都出身。ジャーナリスト。家訓・社訓といった経営理念の実践例や数寄風流に通じた企業人を取材。心学明誠舎理事。著書に『NHK大阪放送局70年史』『大和証券百年史』など。大阪府吹田市在住。

小久保　忠弘

昭和27年（1952）生まれ。奈良県出身。株式会社地域活性局相談役。元奈良新聞社取締役編集部長。奈良県奈良市在住。

川瀬　俊治

昭和22年（1947）生まれ。三重県出身。フリーライター。元奈良新聞社記者。著書に『夜間中学増設運動ー奈良からの報告』など。編者に『琉球独立は可能か』、その他論文多数。奈良県奈良市在住。

渡辺　邦博

昭和24年（1949）生まれ。香川県出身。桃山学院大学兼任講師。経済学史学会会員。元奈良産業大学（現奈良学園大学）教授。奈良県王寺町在住。

中田　紀子

奈良県出身。ＮＨＫラジオ第一放送早朝番組リポーター、朝日カルチャーセンター講師。大学降壇後は再び執筆・講演活動に専念。著書に『奈良大和の峠物語』、共著『まほろば巡礼』『なにわ大坂をつくった１００人』など。奈良県奈良市在住。

江並　一嘉

昭和９年（１９３４）生まれ。大阪府出身。ＮＰＯ法人奈良21世紀フォーラム理事、公益財団法人関西・大阪21世紀協会アドバイザー、大阪ユニセフ協会理事。元近鉄百貨店副社長。京都府木津川市在住。

（敬称略・執筆順）

『奈良企業人列伝　奈良に息づく風土産業』

撮影協力
朝山　信郎
柴田ヒデヤス

編集スタッフ
江並　一嘉
中村　優造
長谷川俊彦
森下　泰行
（五十音順）

奈良21世紀フォーラム

20世紀の後半に始動21世紀に入って本格化したIT革命は、世界中の人々や企業を情報のネットワークで結びつけ空前の経済発展をもたらしました。しかし、その発展の代償として地球温暖化などさまざまな環境問題が世界共通の課題として浮かび上がってきました。このような課題と向き合い、21世紀を豊かにする活動の一翼を担うため、日本の豊かな自然や文化に恵まれた奈良県の中で先人の知恵に学び地球に優しい循環型社会への回帰をめざして、2000年、特定非営利活動法人「奈良21世紀フォーラム」が設立されました。

奈良県は日本国の発祥の地であり、日本人の心の「まほろば」です。現在、日本の中に受け継がれている文化の源流は奈良にあります。

近年、奈良には日本において過度に現代化された窮屈な生活を癒してくれる自然環境や生活様式、衣食住などの文化、その文化を支える伝統産業などが集積されていることは、現代日本人にあまり認識されていません。

当フォーラムでは、設立以来「万葉けまりの復元」「書の文化の伝承」「吉野川上流の水源地の森を守る活動」など、継続的に奈良の地域文化を再発見し情報発信を行うほか、奈良の風土が育んできた「奈良の企業文化の探求発信」に努め、さらに奈良県内外の方々と「奈良の伝統文化の伝承と新しい文化の創出」をキーワードに様々なテーマに取り組んでいます。

特定非営利活動法人 奈良21世紀フォーラム
〒630-8244　奈良市三条町511-3 奈良交通第2ビル5階
TEL／FAX 0742（24）4766
URL：http://nara21cf.org

奈良企業人列伝
奈良に息づく風土産業

令和元年（2019）5月18日　初版発行

編著者　特定非営利活動法人 奈良21世紀フォーラム

発行人　松村 信人
発行所　株式会社 澪標
〒540-0037
大阪市中央区内平野町2-3-11-202・203
TEL　06-6944-0869（代表）
FAX　06-6944-0600
編集協力　株式会社 インサイト
印刷・製本　亜細亜印刷株式会社

ISBN978-4-86078-437-9 C0034 ¥2000E